# 基于农户视角的淮河流域
# 玉米种植驱动机制研究

胡韵菲　著

中国农业出版社

北　京

# 前　言

　　淮河流域是我国粮食主产区之一，近年来，在中国七大流域中，淮河流域的粮食增产贡献率最高。开展基于农户视角的玉米种植机制研究，完善主产区粮食政策，对提升农户种粮积极性、推进农业供给侧结构性改革、保障国家粮食安全具有重要意义。立足农户决策行为理论，采用地理加权回归、系统动力学等方法，本书重点研究了淮河流域玉米种植面积变化的影响因素和农户种植玉米决策机制，并进行情境模拟，提出了相关政策建议。

　　研究得出的主要结论包括以下几点：

　　一是1995—2015年间淮河流域玉米种植量显著增加，在淮河流域西部、中部偏西区域的空间集中程度增强。其中菏泽、商丘等7个城市种植玉米的规模超过30万公顷，并形成空间连片格局；江淮、沿海和徐淮等地区的玉米种植增加幅度则较小、局部有所下降。空间布局上，淮河流域玉米种植集中区呈现适应春夏易干旱，规避夏秋多涝及夏季高温地区的发展态势。

　　二是研究通过综合应用农村固定观察点数据和农户调研数据，定量分析了影响流域尺度的玉米种植面积变化的主要影响因素及其作用强度，发现亩均劳动力投入对玉米播种面积的影响由正转负；玉米销售收入、家庭经营耕地面积和区域机耕机播比例对玉米播种面积的促进作用增加；家庭工资性收入的增加与玉米播种面积存在稳定显著的负相关关系。

　　三是通过分析农户意愿对未来淮河流域玉米种植可能产生的影响，发现农户普遍认为土地流转、规模化生产及科学管理是未来种植业经营的重要特征。农户在丘陵山区地带种植玉米的意愿最高；在交通便利地带、河湖附近地带和城郊边缘地带，经营新型生态农业、蔬菜大棚和果园的意愿较高；在城郊边缘地带，玉米种植补贴政策显著影响农户玉米种植意愿。对规模种植户而言，较好的政策补贴能减少经营风险，很大程度上增加其种植玉米的意愿。

四是通过构建基于农户行为的玉米种植系统动力学模型，解释了淮河流域玉米种植空间扩张和集聚的原因。与种植其他农作物相比，种植玉米省时省工，符合淮河流域劳动力外出务工以获取更大家庭收入的内在需求。随着农业劳动力不断外流，户均经营面积增加，土地从每家每户的分散经营逐渐向连片经营发展，空间上的连片反过来使机械化种植玉米得到发展。

五是研究以农户心理特征和选择行为分析为切入点，阐明了农户玉米种植意愿及其对未来玉米种植的影响。按照种植选择的行为差异，农户可分为积极发展型（PD型）、消极务农型（NF型）及家庭生计型（FS型）三类。PD型在政策补贴下增加玉米种植，一旦出现替代作物补贴发生变化的情形，他们就会改变种植策略，投资利润更高的经济作物。NF型更容易产生不务农的倾向，原来一家一户零散种植玉米-其他轮作作物的方式，将逐渐被统一管理的、连片经营的农田所取代。FS型在追求家庭稳定收入影响下进行流转土地经营决策，不偏向发展规模经营而倾向以经济作物代替粮食作物。

最后，针对农户分化特征，提出了相关政策建议。包括对规模化种植给予政策补贴，提高种植大户应对市场能力；提升玉米种植技术和管理水平，提供区域特色经济作物技术培训和资金扶持，促进家庭生计型农户转型升级；创新土地收益分红机制；加强玉米种植的气候及地形适宜性评估等。

# 目　　录

# 1 绪 论

美国前国务卿基辛格曾说过，"控制了石油，你就控制了所有国家；控制了货币，你就控制了整个世界；控制了粮食，你就控制了所有人"。解决 14 亿多人口的吃饭问题、确保国家粮食安全，是中国相当长时间内必须面对的重大战略问题。特别是从现在到迈向高收入阶段的 10~20 年中，中国农产品需求刚性增长与水土资源短缺的矛盾将越来越突出，立足国内解决粮食安全问题面临的挑战会更加严峻。其中，玉米是重要的三大粮食作物之一，可作为口粮、饲料、工业原料等，在中国粮食发展结构调整战略中占有特殊的地位。

## 1.1 研究背景

### 1.1.1 国内需求刚性增长，粮食供给侧亟待改革

2015 年，全国玉米播种面积 44 968 万公顷、产量 2.65 亿吨，分别占全国粮食总播种面积和总产量的 37.80%、42.64%。随着产业结构升级、畜牧业及加工业对玉米需求量增加，玉米市场需求持续增长，2010 年中国玉米进口量仅为 175 万吨，2015 年，中国玉米进口量增长到 473 万吨。值得注意的是，这 5 年时间，在国内玉米产量平稳增长的情况下，中国玉米进口量仍然增长了 1.7 倍。反观国内玉米生产情况并不乐观：国内城镇化、工业化快速推进与地区间经济发展的差异使农业生产机会成本增加，土地、劳动力成本以及机械作业费用不断上涨，推高玉米生产成本，国内玉米生产价格高于国际市场，玉米生产面临大进口量与国内高价格并存的发展困境。为推进农产品区域布局，农业部相继制定了《优势农产品区域布局规划（2003—2007）》《玉米优势区域布局规划（2008—2015）》，对玉米生产空间布

局进行优化。2016 年、2017 年中央 1 号文件明确指出，玉米生产结构调整是农业供给侧结构性改革的重点。

## 1.1.2 生产要求与资源环境之间的矛盾突出，粮食主产区种植调整势在必行

截至 2015 年，淮河流域以全国 12％的耕地面积和 19％的粮食播种面积，承载了全国 22％的乡村人口，贡献了全国 17％的农业产值，为国家粮食安全提供了有力的保障（表 1-1）。淮河流域种植结构嬗变、人地关系紧张、生态保护难以进行、农作物种植风险系数高，在复杂的气候条件、地少人多的社会条件和悠久的历史条件下，淮河流域的老百姓对农业、对土地的依赖根深蒂固。经过不懈的努力和建设，淮河流域的生产条件得到了长足的发展，一些劣势逐渐转化成优势。淮河流域粮食作物的生育期长，且流域内降水充沛、水系发达，土地平坦，土壤肥沃，水土光热资源匹配，处于南北方过渡地带的地理位置，具有良好的种植多样化条件，发展潜力巨大。1995—2015 年，淮河流域耕地数量全国占比、乡村人口全国占比上升，农业总产值全国占比下降，说明淮河流域的耕地资源在减少，但承载的人口却不断上升，农业产值增长乏力。

表 1-1　1995—2015 年淮河流域耕地面积及人口、粮食相关指标统计

| 指　　标 | 1995 | 2000 | 2005 | 2010 | 2015 |
|---|---|---|---|---|---|
| 淮河流域耕地面积（万公顷） | 1 475 | 1 523 | 1 529 | 1 630 | 1 685 |
| 占全国耕地比重（％） | 15 | 12 | 13 | 13 | 12 |
| 淮河流域乡村人口（万人） | 14 001 | 15 684 | 16 137 | 17 228 | 13 010 |
| 占全国乡村人口比重（％） | 16 | 19 | 22 | 26 | 22 |
| 淮河流域粮食播种面积（万公顷） | 1 738 | 1 817 | 1 900 | 2 119 | 2 178 |
| 占全国粮食播种面积比重（％） | 16 | 17 | 18 | 19 | 19 |
| 淮河流域农业产值（亿元） | 3 200 | 2 940 | 4 173 | 8 010 | 9 988 |
| 占全国农业产值比重（％） | 27 | 21 | 21 | 22 | 17 |

注：数据来源为各省统计年鉴、江苏农村统计年鉴、地级市统计年鉴。

### 1.1.3 粮食种植盈利空间不断压缩，种粮主体积极性显著下降

由于国家粮食收购价格多年稳定在 0.55～0.56 元/千克，农户的销售价格并没有随着生产成本投入的增加而增加，三大谷物中玉米受市场价格波动影响显著增加。在 2013—2015 年，华北地区玉米收益每亩<sup>*</sup>约能达 400 元，但 2016 年取消临时收储政策以后，玉米价格显著下降，收益空间被严重压缩，对农民种植玉米的积极性影响尤为严重。中共中央办公厅、国务院办公厅 2019 年 2 月印发的《关于促进小农户和现代农业发展有机衔接的意见》指出，小农户对保障国家粮食安全和重要农产品有效供给具有重要作用，农业农村现代化离不开小农户的现代化，切实提高农民收入，促进成千上万的小农户和现代农业发展有机衔接，是实施乡村振兴战略的客观要求。

综上，随着国际贸易的深入发展，玉米面临的国际贸易形势更加复杂；国内玉米生产，关系到国家粮食安全、饲料安全和玉米产业的合理发展；粮食主产区面临资源环境承载能力要求不断提升，但农业产值增长乏力的困境；广大种粮农户，特别是在玉米种植效益持续降低情况下，农户种植意愿不断下降，给玉米产业可持续发展带来新的挑战。2019 年、2020 年是全面建成小康社会的决胜期，基于农户视角，对淮河流域玉米种植变动规律和形成机制进行研究，正确预测未来淮河流域玉米种植的发展趋势，将影响到国家粮食安全政策的制定，粮食产业发展的方向，影响到种粮农民的生活幸福指数甚至整个地区的发展面貌。

---

\* 亩为非法定计量单位，1 亩＝1/15 公顷。

## 1.2 国内外研究现状

### 1.2.1 玉米种植的影响因素研究

影响粮食种植的因素主要可分为自然因素和社会经济因素的研究，对已有文献研究的切入角度进行分类，可发现：①气候变化影响下对粮食种植从被动调整向主动适应转变；水资源对粮食种植的影响显著。②社会环境、消费结构及经济发展迅速；来自不同方面的因素作用到商品粮价格上，对供应市场产生传导影响，继而导致区域粮食种植面积变动的不确定因素不断增加。③生态农业、绿色发展等意识的增强，促使农户种植方式转变；农户主观决策行为的改变深刻地影响区域玉米种植。

#### 1.2.1.1 自然因素

淮河流域地处中国南北气候过渡带，是重要的气候变化敏感区，气候变化对淮河流域农业生产带来一定的冲击，并有明显的纬向性和区域过渡特点。因地制宜的种植结构调整不仅能适应气候变化（郭媛，2010；周述学 等，2010），还对保障粮食供给有重要的意义；通过优化作物科学格局，能对气候产生反调节的重要作用（储德义，2012；李秀菊，2012；彭荣胜，2012）。已有的研究不仅对气候变化带来的影响进行了分析，还进行了未来情境预测，表明对粮食种植变化趋势的关注度日渐提高，气候变化影响下，对粮食种植从被动适应逐渐向主动调整转变（Attard 等，2016；Wang 等，2015；Xue 等，2016）。

气候变化对玉米种植生产能力的影响：钟新科（2012）研究指出，中国夏玉米的光温潜力，呈增加趋势，而黄淮海平原北部的夏玉米气候潜力有所降低；玉米光温潜力，因增温而增加，但部分地区气候潜力因水分条件变化而潜力优势下降。这表明，长时间而言，气候因素并不单个发挥绝对作用，同时还受其他因素的共同影响。麻吉亮

（2018）研究发现，生长期的平均温度对兼业农户选择种植玉米显著负向影响，生长期的累积降雨与兼业农户种植也有显著正相关，但非兼业农户对温度和降雨的反应都相对不显著。覃志豪等（2015）对气候变化对我国粮食生产系统的影响研究指出，近30多年来仍以农户经营为主的方式，种植规模相对较小，抗灾减灾能力比较弱，极易受到极端气候气象灾害的影响。农业气象受灾呈现突发、反常，加上农户自身分化等特点，使淮河流域粮食稳产面临较多的不稳定因素。

气候变化对玉米种植空间分布的影响：气温升高和降雨异常尤其容易对农作物生长发育所依赖的光、温、热、水等资源时空分布的变化产生直接影响（刘洋 等，2013）。王晓东等（2013）利用淮河流域171个站点1971年至2010年的气象资料及作物历年生育期资料，计算了主要作物全生育期的水分盈亏指数，发现北部平原和中部平原夏玉米区水分紧缺呈现增加趋势。淮河流域的夏涝和秋旱受灾面积扩大，具有流域性：上游以春旱为主，中游以夏旱为主；具体表现为中下游地区夏秋多涝、中游北部地区春夏旱涝交替，上游大部分和中游南部地区则最易发生年际旱涝交替影响（李德楠，2014）。

气候变化对淮河流域粮食种植制度的影响：1981—2010年期间，由于气候变化，我国复种界限的北移，导致玉米、小麦和稻谷的全国产量增加2.2%（约80万吨），对中国的粮食安全产生了积极影响（Yang 等，2015）。对淮河流域种植制度适宜度研究（陈小凤 等，2013；葛道阔 等，2012）指出，淮河流域麦稻制的气候适宜度，对近几十年来的气候变暖有明显的响应：麦稻制的气候适宜度下降；具体表现为温度适宜度提升而降水适宜度和日照适宜度递减。在淮河流域的稻麦、玉麦、双季稻三种种植制度中，淮北适合发展玉麦种植制度；淮南适合发展稻麦种植制度；双季稻目前气候适宜度仍然不高，风险度大，不宜大面积发展；但在未来气候情境下，双季稻气候风险度大幅度下降，可大面积推广（赖纯佳，2010）。

水资源对玉米种植产生的限制性影响：水资源是在淮河流域发展

种植业的最重要限制因素，且时空分布不均。由于明清时期黄河夺淮入海，淮河流域水情复杂、灾害频发；"安史之乱"使淮北作为漕粮重要来源地的历史地位随之消失，取而代之的是江淮及江南地区（李德楠，2014）。淮河流域地势低平，支流众多，水量充沛，经过历代王朝的不断修筑，淮河两岸陂塘星罗棋布，田畴肥沃，适宜种植五谷，直到南宋年间的黄河决溢南徙夺淮，令豫东地区、皖北地区、苏北地区和鲁西南地区经常洪水泛滥，"彻底打乱了淮河水系的安宁"（王俊清，2010）。黄淮合流使得淮河汛期泄水不畅，直接导致了植被破坏、湖泊消亡，湖泊变迁、河流改道和土壤的沙化、盐碱化，由此导致了淮河流域种植制度的嬗变；黄淮合流也导致了耕地淹废，土质恶化，由高产的稻作农业变为一年一熟的低产旱作生产方式。对长时间跨度降水规律或极端降水现象的分析，发现在1960—2009年间，淮河流域年降水总量缓慢增长（唐娟 等，2013；金小霞，2014），冬、夏季降水量显著增长，春秋季降水量显著减少，20世纪80年代前期为降水变化的转折期；气候变化和极端气象灾害深刻地影响淮河流域农业生产（许建玉，2013）。

2010年后，用于支撑农作物种植的水资源预警体系建立的研究有较明显的增多，包括使用流域范围的情境模型（高超 等，2014；宗培书、王会军，2012）、灾害风险评估模型（黄茹，2015）、空间模型（江龙 等，2014；杨志勇 等，2013）、水文模型（高超 等，2013），对淮河流域的水资源利用优化进行模拟，进而提出水情监测管理手段（田朝凤，2013）。

自然因素中，气候变化和水资源分布为影响淮河流域粮食种植可持续发展的重要因素，作为一个相对完整的地理系统，通过分析气候因素的影响，能发掘气象影响的时空规律，对加深淮河流域气候因素的认识，提高抗灾能力及粮食的稳产具有重要意义。

**1.2.1.2　土地因素**

玉米生长要求地形平坦开阔，交通便利，有利于机械播种和收获。淮河流域地形大体由西北向东南倾斜，流域西、南、东北部为山区和丘陵区，约占总面积的三分之一，其余为平原、湖泊和洼地，约占三分之二。玉米对土壤要求不严格，但必须具有较好的透水、保水和通气性。淮河流域的土壤以潮土、砂姜黑土和水稻土为主，淮河北部地形和土壤较为适合夏玉米的生长。影响淮河流域玉米种植的土地因素主要包括：

（1）土地数量减少趋势的影响十分明显，单位土地面积生产压力增大

何春阳等（2005）对中国 13 个省份分析研究，预测出未来 20 年农牧交错带的耕地向城镇用地转化最为显著。基于 1985—2000 年全国分县统计资料数据分析研究指出，黄淮海地区耕地面积不断减少，粮食增产的压力越来越大，区域种植结构、复种方式应不断优化，间混套作方式和内容不断丰富，土地生产率需要进一步提高才能缓解当前面临的耕地压力（李立军，2004）。刘忠（2013）通过研究 2003—2011 年中国粮食增产的作物和地区的贡献率，发现研究期内粮食增产全部来自三大粮食作物，其中玉米贡献了一半以上的增产量；杂粮、豆类和薯类总产均出现下降，证明阶段性的粮食增产是以面积增加为主导的外延式增产方式。

（2）土地利用方式和开发思维转变产生的影响加强

余强毅（2013）对黑龙江省宾县的粮食种植进行了基于 Agent 的土地利用分析，发现研究区土地流转普遍，户均土地面积由 20 世纪 80 年代初期的 1.3 公顷增加至 2010 年代初的 2.6 公顷，并预测未来土地流转将更为普遍。同时，研究还发现随着户均土地经营规模的变化，该县作物表现出多样性减少、玉米种植主导性增加的趋势；道路通达性对农资投入、土地流转以及作物选择产生重要的影响。在制度探索层面上，罗其友等（2019）研究指出，在乡村振兴战略的背景下，土地制度的创新对乡村土地利用注入了新的发展思维：土地是乡村振兴的载体和平台，土地资源也是乡村最具潜力的自然资源，为有

效激活城乡双向互动发展，促进乡村要素与城市资源高效融合，应积极探索承包地的"三权分置"、承包地退出、宅基地退出和集体经营性建设用地入市等系列关联性土地制度改革。

（3）对土地因素影响的研究方法不断进步，对空间异质性规律的探索越来越重视

无论在哪个国家，同一块土地上涉及多个管理部门，必将面临决策的多目标，令土地利用复杂化，农业用地当不例外（A. S. Mather，1986）。文献分析发现，"2S"技术（GIS和RS）成为对粮食种植空间变动进行监测和分析较主流的方法。地理信息系统空间分析方法日渐成熟，遥感监测数据具有便于进行周期性观测、实时性强、节省人力等特点，成为对长时间、宽周期、大区域范围的监测和研究手段（叶志标，李文娟，2017；杨忍 等，2013）。空间分析方法和定量研究方法的创新和进步，逐渐突破原来研究对象单一、受主观性影响大、区域局地性强的限制，使研究具备了向范围更广、分析影响因素更复杂、更综合的方向发展的条件。其中，地理加权回归（GWR）被应用于"地理＋经济""地理＋社会"（庞瑞秋，2014；张耀军，2012）"地理＋生态" （张凌宇，2018；邱立新，2018；马忠玉，2017）"地理＋模型"（吴玉鸣，2006）等，研究证明在空间非平稳性研究上 GWR 模型具有比较成熟的优势。高军波等（2016）对淮河流域 1990—2012 年粮食生产时空演进研究中指出，淮河流域在县级区域产量分布呈现空间聚类特征不断增强的现象。粮食生产存在的空间差异和空间分化正在加强，揭示的种植变动趋势和相关影响因素表明，农户在生产粮食土地的效益上产生了更细致的优化要求和更复杂的综合目标。

### 1.2.1.3　种植经济效益因素

一旦有经济利益的刺激，农户便会为追求利润而创新，农户和政府均为种植业调整的主体；作物的市场比较利益存在，是耕地内部流转的主要原因（丁忠义 等，2005）。杨尚威（2011）对区域专业化的

影响因素进行分析，指出生产收益不平衡直接影响生产者的决策行为，并"决定了农户专业化生产程度"。粮食种植变化受到内在驱动力的影响，内在驱动力源自农户的调整，具有较强的社会经济性，在经济效益的影响之下，种植规模、种植重心、种植品种会发生相应变化。相较于受自然影响下形成的种植变化，社会经济变动带来的变化速度较快。随着农业在国民经济中的比重将不断缩小，农业比较收益持续降低，农民将陷入相对贫困；只有将粮食经营模式从重视土地生产率转向重视劳动生产率，提高农民的平均劳动力产出，才能提高农民收益（邓国清，2018）。

从组织和生产效益角度对种植的经济效益进行分析认为农户用"满意者"来解释，比"最优者"来解释更合理。以俄国恰亚诺夫（A. V. Chayanov，1966）为代表的"自给小农"理论，主要观点是小农家庭农场并不主要依赖雇工，而是主要依靠家庭的自身劳动力的供给；认为农民的种植行为是为了满足其家庭消费需要，而不是利润最大化。应该采用构建一个连贯的纵向一体化组织，以保护农民不受到资本主义经济制度的剥削，改善农民生活。

从理性小农角度进行的种植经济效益分析表明，在效率提高的过程中，效益与规模之间如何平衡，一直受到关注和讨论。以西奥多·舒尔茨为代表的理性小农理论，对小农户决策的高效十分认可，认为小农能在传统农业的范畴内最适度地运用资源；一旦有经济利益的刺激，小农便会为追求利润而创新，有效地改造传统农业（舒尔茨，1987）。章德宾等（2018）研究指出，黄淮海设施蔬菜主产区小规模农户，比其他农户普遍具有较高的整体决策效率，小农户的技术效率也高于大农户，主要原因为大农户在灌溉、劳动力投入等方面资源配置效率低下；又如孙艳等（2019）的研究认为，对于玉米而言，种植大户的综合效率和纯技术效率明显高于普通农户，并能通过采取一定的措施提高大户的经营效率，使之不断逼近最优经营效率。

从综合效益角度出发研究的种植经济效益分析表明，农户可能并不"理性"地追求效率，而是根据自身具体需求来衡量投入劳动与收益的关系，这也增加了研究者对其行为研究的难度。综合小农理论主要观点认为，对小农来说，由于劳动力的报酬对其而言具有极高的边际效用，因此在劳动力的边际报酬低于机会成本的时候，小农将继续增加劳动力供给（黄宗智，1986）。

1997年以来，由于政府减少了对粮食生产和流通的干预，生产结构调整的方向与比较优势原则基本一致，进一步深化市场导向的改革有利于提高资源配置效率（钟甫宁 等，2003）。种植效益对农户决策的影响，随着改革深化，自由市场对种植效益调节所发挥的作用越来越大。

### 1.2.1.4 劳动力因素

（1）农业劳动力流出对种植业和农业发展方式造成的影响与对应的措施

只有通过产业调整政策的支持，让素质比较高的农民愿意继续留在农业中，才能保障农业产业安全和国家粮食安全（邓国清，2018）；胡豹等（2005）研究指出，非农收入越高、有一技之长和一定非农工作经验的人越愿意进行产业结构调整，因此，劳动者的素质提升意义重大。从很多国家的农业劳动力转移造成的影响来看，农民逐渐从一个农业决策者，变成农业生产过程的一个要素——被资本和技术所代替（陆岐楠，2017）。面对农民老龄化、年轻人不愿从事农业的问题，英国主要采取加强农民职业培训，提高农民生产效率和经济收入，提高农业对年轻人的吸引力；建立农业最低工资制度，为农业雇佣工人建立不低于国家最低工资的最低支付比率和度假制度的应对措施（周应华，2018），适应现代农业发展对农业劳动力的要求。

（2）劳动力减少使种植的经营方式发生显著转变

规模经营在我国的发展面临不少短板性的问题：进行粮食规模经营若只简单地集中耕地，而不顾社会服务化发展水平，对社会、集体、土壤都无利（申守业，1986；何良友，1986）；而且，大规模农场采用雇工经营或集体经营方式，缺乏必要的灵活性，运营成本较高，随着土地规模的扩大，还会使管理费用增加（林善浪，2000）。20 世纪 70 年代后期，家庭联产承包责任制的推行使农户经营行为发生了根本变化，随着专项经营专业化、非农产业化的发展，农户的经济行为的非农趋势变得越来越明显（翁贞林，2010）。李欠男（2017）对 2000—2014 年的中国玉米生产变化驱动因素分析研究，指出中国玉米种植逐渐向城镇化率低、非农就业机会少和相对收益比较高的地区转移。

（3）劳动力逐渐分化使农户种植行为发生改变

杨璐嘉（2012）运用经济计量模型 DEA 测算不同兼业程度农户之间的耕地利用效率差异，揭示兼业户和非兼业户在资本投入、劳动投入、土地依赖程度、耕地利用行为之间存在的差异和作用机制，以及这些环节如何影响专业化生产。Zhang 等（2016）基于农户管理玉米种植的层面研究，量化了管理玉米的行为具体在多大程度上影响玉米产量潜力发挥。区域农业劳动力特征对区域种植行为有持续的反馈：郝广海等（2013）基于内蒙古太仆寺旗的农户调查，采用单因素方差分析法研究了生态脆弱区农户兼业行为，发现土地流转后，劳动生产率高的作物具有优势；但随之而来的劳动力投入减少、妇女化、老龄化和文化低的现象加剧；分析还指出，建立农业劳动力非农就业与耕地利用相互协调的机制，是解决生态脆弱区生态安全与农业生产之间矛盾的重要途径。

农业劳动力不仅由于城镇化而逐渐离农，其自身也在随着农业现代化建设而产生不同的分化特征。新一代农民的决策和行为特征，对玉米种植未来的发展趋势必将发挥重要的影响。

### 1.2.1.5 资本和技术投入因素

资本和技术投入的重要性日益增强。任志安、陈博文（2018）探讨淮河流域绿色发展的传导机制，指出淮河流域绿色发展困境主要是流域发展对资源型产业的过度依赖，致使流域整体技术进步缓慢；杨宗辉等（2018）研究指出，农业技术、农村基础水利设施、市场粮食价格指数对省域玉米播种面积扩大存在正影响，其中，技术和政策存在显著的空间溢出效应。

Mkvan 等（1997）对玉米产量长期研究指出，影响玉米潜在产量的为自然因素，包括区域 $CO_2$ 总量、太阳辐射、温度和品种，限制性因素为水资源和养分管理。在潜力产量概念下，Fischer（2015）进一步提出了实际可达到产量（Attainable Yield）这一含有经济性质的概念；Liu 等（2017）、孟庆锋等（2013）在其基础上对中国玉米生产潜力的研究表明，中国玉米有约 67% 的增产空间，比小麦（29%）的增产潜力大，建立的高产玉米体系，能够大幅度降低氮肥投入，降低环境风险，实现高产玉米的集约化绿色生产。钟新科（2012）的研究也表明，目前中国各省玉米产量差在 1.72～6.96 吨/公顷（115～464 千克/亩）之间，并预测中国玉米最大总产量是目前产量的 1.75 倍。

由于城市化和工业化而造成的全球耕地损失，缩少 CIG（cropping intensity gap，种植强度差）将在很大程度上改变依靠扩大耕地面积来扩大收获面积的现状，在各个大洲中，亚洲具有极大的潜力缩小 CIG（Wu，2018）。陈阜（2018）的研究指出，中国农业转型发展的战略，要求必须将资源高效、环境安全与作物高产高效三方面并重。局部的、针对某种作物的技术进步提高了农户种植粮食的生产效率，影响农户对作物的选择。肖建中（2013）研究淮河流域平舆县指出，平舆县玉米收获大部分靠人工，费时费力，劳动强度大且效率低，一旦遭遇阴雨天气农民损失很大，收获机械化是发展的必然趋势。

随着大数据积累和数据发掘的进步，把资源价值化、对农业资源能源消耗等多方面进行模拟，因地制宜地提出调整措施和影响评估，是对精准种植开展技术投入的前提，作物种植演变研究也进入了精细量化和情境模拟时代，提出的方案也越来越具有针对性。研究证明了灌溉水需求量、土壤性质差异导致区域种植差异（郭玲霞，2014）；

胡莉莉等（2011）通过建立 1990 年至 2008 年间中国农业计量经济模型，揭示农业生产用能与农业产出正向相互增强的规律，并指出，针对区域发展程度不同应该制订不同的投入方案：在农业现代化普及地区，提高农业物资利用效率和采用合理的种植结构是重点；而在农业现代化中等及欠发达地区，重点则是农资投入和使用效率的提高。

技术和资本的投入是一个需要时间积累才能产生效果的过程，形成良性循环。生产技术进步、水利基础设施状况等，决定着生产区域专业化效率的高低，区域专业化的形成，将产生外部性、规模经济和溢出效应，促进生产技术体系的建立和产业链的发展，能最终带来区域专业化的自我增进（杨尚威，2011）。

### 1.2.1.6　宏观背景因素

种植行为与区域宏观环境存在长远和深刻的反馈关系。从历史背景分析，玉米种植的引进是我国适应人口增加又反过来保障了人口增长的重要一环。马育良（2012）在对皖西种植历史的研究中指出，明中叶后，美洲的玉米与甘薯越过大洋到达东方，也走进了皖西淮河一带的高山腹地。玉米是较典型的旱粮作物，其引入改变了种植地区民众食物不足的困境，尤其是应对山区越冬食物不足和春荒，但这也带来了人口的激增；由于缺乏山地耕作的经验，涌向山地的农民使得水土流失和环境危机日益严重，形成恶性循环。在现有资源、制度和市场环境约束下，种粮主体分化和行为变化是必然的；但由于粮食安全问题的公共属性，必须重视政府适度主导改变资源、制度以及市场环境等约束条件，引导种粮主体分化及其行为优化（虞洪，2016；陈秧分，2014）。

区域的发展背景影响可能是渐变的，也可能是突变的。进入 21 世纪后，宏观背景包括交通发展、合作经济建设、区域粮食客观供求情况等的变化，对玉米种植产生了重要的直接或间接影响。姜长云（2012）的研究指出，中国主要粮食产区北移并在空间上趋向集中，粮食主产区与主销区的空间距离拉大的发展态势，对粮食物流体系的需求明显增强。朱正业（2010）对淮河流域的交通历史研究表明，20世纪上半叶，受到铁路这一新兴运输方式的影响，淮河流域农产品销量倍增，商品化程度提高，一些市场前景较好的经济种植面积迅速扩大，呈现区域化、集中化的倾向。此外，食物供求客观情况、市场变动引起的价格变动、政策调控等（李凤廷 等，2013），基层干部的商品意识、专业技术合作社等种植业的组织行为（梁书民 等，2008），建立多层次的联合，鼓励和引导集体组建合作经营，壮大集体经济，为种粮主体解决一家一户办不好、办不了的事情（李文娟，尤飞 等，2018），这些种粮区域宏观背景下的经济和发展环境不断改善，能显著提升粮食主产区生产能力。

从食物消费结构的变化影响来看，李忠峰、蔡运龙（2007）的研究指出，城镇化带来的食物消费结构的变化是中国农产品种植时空变化的主要驱动力，这些变化受到农户对信息的掌握情况及其反应的影响。胡小平和郭晓慧（2010）从营养角度分析中国到 2020 年的粮食需求结构，发现中国对粮食的需求总量稳步增长，饲料用粮将取代口粮，成为中国第一大粮食用途；玉米也将取代稻谷成为中国第一大粮食品种；虽然转而种植蔬菜对农民增收更有吸引力，但要求有良好的自然条件和生产条件，优越的交通条件和市场区位，因而具体的影响需要配合其他区位条件。

从大宗国际贸易影响来看，国内市场供需变动、国际贸易条件变化对主粮产区发挥不可忽略的影响：当前中国粮食中小麦的自给率能够维持在 98% 以上，但到 2020 年，预计全国大豆需求量达到 0.61 亿吨，中国进口量将占全球大豆净贸易量 60% 以上（柳岩，2012）。中国是全球最大的大豆进口国，使得国内大豆种植地向玉米田和稻田的转化也导致了氮污染，这一发现强调了对国际贸易引起的环境后果进行评估的必要性（Sun 等，2018）。

学界不断从科技、种粮补贴、县域经济发展溢出效应、制度层面建设等角度研究协调粮食有效种植与经济社会之间关系的调整方案。

营造良好的生产和交易环境，包括进行粮食补贴方式改革、保障农民权益、财政减负、培育非国有粮食购销主体、活跃市场、促进国有粮食企业的改革，在长期改善粮食种植的合理性（刘鹏凌 等，2004）。

### 1.2.1.7 其他因素：绿色农业发展潮流

早在 1864 年，乔治·帕金斯在其《人与自然》的著作中已提到，土地利用方式应该是"美好而又有用的"。怎样利用好自然资源，已不仅是个人的事，而是国家必须承担的责任（马瑟，1986）。在实践研究方向上，许多研究逐渐偏向于环境友好的农业管理和生产方式、种养结合的农业生态系统构造（van der Linden 等，2015）；重视对农田生物多样性的保护（Crowder 等，2010）；通过农作物控制二氧化碳的潜力，加强作物系统在人类适应全球气候变化过程的重要作用（Wise 等，2009）。

20 世纪 40 年代以来，区域农作物种植最重要的变化是单一栽培显著增长。单一栽培是指连续几年在同一块耕地栽种同样的作物，而不像传统农业那样，每年都更换作物品种。单一栽培能规模化地节约成本，可以在大面积类型相同的土地上使用联合收割机等大型高效的工具。然而，单一栽培也带来了很多的问题，其中包括营养损害、虫害增加和土壤侵蚀等。为了使耕地持续高产，不得不大量使用化肥、杀虫剂。作物种植决策对农田生态系统的影响，比表面的经济效益看上去更广泛（Fedoroff 等，2010）；随着可持续发展方式的深入研究，已经证明种植结构及其对肥料的施用、管理方式的集约度、地力的可持续、农村环境、病虫害及水资源使用等方面都有着深刻的影响（Li D 等，2012；Hamzei 等，2016；Cook 等，2016；Smith 等，2015；Attia 等，2015）。对地力、农业环境的受损机理重视，是因为水土流失实质上相当于植物营养的流失，地力的真正恢复需要十分漫长的时间；而动植物的生存环境若遭到破坏，将可能带来物种消失等难以弥补的后果（A. S. Mather，1986）。保持田间作物的多样性，有利于农田和农民的可持续发展（Vanninen 等，2011）。实验证据充分显示，豆科作物覆盖的作物系统可以促进碳、氮元素的循环而提高土壤生产力，玉米与豆科作物的配合种植可以在不增加化肥的情况下带来增产（Zhang Y 等，2015；Mahama G 等，2016）；通过轮作、免耕、种植绿肥等耕作生态化的管理方式在经历较长时间后，能恢复农田系统。

文化认知价值观和信仰也被认为与作物系统的适应性调整存在一定的相关（Sanderson 等，2016）。比如有机农业的推广宣传和发展、土地流转的政策、粮食生产补贴等。全球人口规模仍在不断增长，有机农业单产水平虽然比不上传统农业，但仍然得到极大的倡导（Seufert 等，2012）；与农业系统相关的研究认为，农业作为地表景观的价值增大（Bateman，Ian J，2013）。并不是对于生态最好的种植模式就会得到农户的应用（Livingston 等，2014；Just 等，1983），由于受到资金、劳动力、土地的制约，农户往往只以经济收入作为唯一的驱动力。经济的驱动力得到很广泛的认同，这也使许多研究十分重视从经济这一角度对农户行为进行评估（Johnson，1993；Winters，1998；Dury，2012）。但是，近年来已经有更多的学者试图从农业景观、农业生态系统优先等视角出发，研究农户的经营行为，提出适应性管理策略和农业政策（Schoenhart 等，2011；Sabatier 等，2015；Bateman 等，2013；Santos 等，2016）。

农业污染源的增多、污染程度的加深、污染范围的扩散，已成为实际上的资源约束，甚至危及玉米生产安全。环境保护部和国土资源部在 2014 年发布的全国不同土地利用方式土壤污染超标率中显示，耕地的总体污染率已达到 19.3%。在水资源方面，据预测，到 2050 年，黄淮海平原的人均水量仅有 389 立方米，远低于预测同期的全国人均水量水平 1 760 立方米；黄淮海平原已普遍受到污染，未经处理的污水灌溉对生产安全影响极大。虽然水质恶化势头，随着我国环境治理力度加大有所遏制，但仍没有根本扭转我国水环境整体恶化的趋势（张利平，2009）。在现代前进步伐的推动下，淮河流域的农业生产方式已经在一定程度上对生态造成威胁（王南江 等，2005；周志强，王飞，2005；谈迎新，于忠祥，2012）。2008—2012 年，淮河流域各市的农业生产水平、整体资源环境保障度上升，但资源环境保障度的上升速度远低于生产水平发展的速度，农业生产与资源环境协调情况恶化态势明显（胡韵菲 等，2016）。邹桂英（2011）以高癌区沈丘县石槽乡作为案例，对旱季和雨季水样本进行分析，发现导致地下水硝酸盐氮污染的重要原因是过量施用氮肥，此外还受居民区污水排放、畜禽粪便影响而加深，水质污染然已威胁到居民健康。可见，农药化肥使用不当、养殖不当造成的污染已经到了危及淮河流域人民健康的地步，情况不容乐观。

Mueller 等（2012）指出，在未来的几十年中，人类面临的一个关键挑战是，如何在不破坏地球环境系统的完整性的前提下，满足未来的粮食需求。当前，以加强农业环境保护、用水管理、消除过度营养需要、不良耕地退耕、减少浪费等手段降低农业的环境足迹，得到越来越大的重视（Foley 等，2011），这些观念潮流，势必对我国种植业产生质的影响。

## 1.2.2　农户决策行为及研究

以水文特征的影响为例，淮河流域的水患深刻地影响了当地人民的生活方式和行为习惯。淮河流域居民从唐宋时期的安土重迁、乐观向上的积极性格，明清时期变成为"安贫保守、逃荒喜迁、尚武好斗"的民风；蓄清刷黄、束水攻沙等治水措施，在明清时期人口压力下所起到的作用并不明显，由于毁林开荒、围湖垦田、豪强刁民强占河滩地、以邻为壑擅自启闭水闸和漕运等因素，造成水灾复杂化和严重化；明清时期防止明祖陵被淹、治水中盲目崇古的社会思潮、战争破坏等政治因素混杂在一起，使得明清淮河水灾的频发"不惟天灾，亦是人祸"（卢勇，2008）。明清时期，黄河夺淮经由苏北入海，在黄河口外迅速造陆，河口向海推进了 90 千米（卢勇 等，2007），沿海潮灾显著增加、盐碱化严重，地力下降，种植制度也被迫改变。用水条件的变化逼迫着人们对生产、生活环境进行改造。面对黄河夺淮，一方面，大筑高家堰等工程影响了洪泽湖的储洪能力，造成了泥沙淤积；另一方面，人水争地引起湖泊库容变少，加上盲目围湖造田等因素，加剧了洪泽湖洪灾频发，人们只好在低洼地区扩大水稻种植面积，减轻洪涝损失（张瑞虎，2012）。

由于商品化进程推动，农户生产受市场和政策影响增加，农户行为的研究朝着越来越细致的个体剖析方向发展。农户"合理性"选择指，在农户行为决策时受经济利益诱导的同时，还受个体自身差异和环境不确定性的影响——农户认知因素和经济因素共同作用引发其决策行为。"计划行为理论""合作博弈模型"等（Gasson，1973；Ajzen，1991，2010；Tiraieyari N，2018），都是对农户经济行为研究的延续和更新。

学界对农民的种植意愿和管理行为的分类研究不断细化：Phimister等（2012）认为不能忽视生产资料的所有权归属问题对农户种植决策产生的影响，因为风险规避型的农户会因此更容易产生反经济效益的行为（Power等，2014），这一结论印证了Koenig等（2008）较早前指出的，将农业至于一个系统的环境中，往往发现单纯经济收入有时不能解释小农户的种植决策行为。例如，小农户受到家庭成员组成影响显著（Cabrera等，2005）；研究表明，即使是有可流动资金的大户，规避风险偏好对种植时空格局变化的影响甚至超过了效益的影响（Francisco，2006）。农民学习在近年来也发挥着重要的作用（Martin，2015），主要是因为"社区农业""亲近自然"等概念得到重视（Vanninen等，2015；Gille等，2011）。众多研究从市场价格、农户身体健康状况、交易费用、风险偏好等非农户经济追求角度，进行农户行为对种植调整机理分析（Pitt，1985；Dorward，2006；Bogaerts，2002；Roumasset，1976；Ellis，1988），这些研究对农户"理性经济人"假设，从技术、心理等研究上，已取得较多的进展。模型方法和传统调研的结合在"农户—种植"研究上的应用，反映了模型对人表面上"不定向"的行为已具有较好的模拟能力。

对农民行为的认识，从早期的小农经济角度开始，已经蕴含着社会制度、人的心理和追求等非经济因素的重视。Q 方法在农村研究中逐渐得到重视，大概始于 2007 年（Josephine，2007）。Josephine 指出，农村社会科学的研究会越来越依赖对人的主观性的衡量，在农村研究领域 Q 方法将大有可为。国外采用 Q 方法对特定的农户群体进行研究已经取得了较为丰富的成果。研究一般围绕一个主题，设计观点（陈述句），然后根据农户的主观排序进行统计分析，最后由研究者定义分类。Q 方法根据农民的追求偏向，分别从市场、自然环境、利润和产品四个方面的差异将农户分类比较常见（Burton，Wilson，2006；Fairweather，Keating，1994）。例如，Pereira（2016）围绕农业技术创新和农户对专业技术的利用，将巴西规模养牛农户分为专业型、环境保护追求型、利润追求型和事业型四类。对于行为和决策产生，社会学家与经济学家给出了两种分析视角，一是目标和价值观多样性驱动下的行为多样性，另一种是受资源限制的利润最大化分析范式（Featherstone 等，1995；Garforth，Rehman，2006；Howley，2013；Wilson 等，2013）。农户决策、农户行为的解释对政策制定起基础性作用，而这些行为是农户根据自身条件所作的判断以及考虑了不同方面需求的结果，而不是完全的经济上的"理性"结果。可以发现，很多研究已经明确地证实了，农民在考虑自己家庭的经济条件之前，已经先天地存在态度分异。但是这些研究在得出这一结论以后，往往很难进一步设计关于这些先天存在的"态度"的研究（Lamprinopoulou 等，2014；Livingston 等，2014；Sanderson 等，2016）。正如刘浩然（2018）在评价比较分析法的研究中指出，"遗憾的是，在学术论文中存在着大量的将比较作为目的的描述性研究"。Thebe（2017）的研究正是对这个问题的一种探索。他研究的津巴布韦地区土地用途改变与农民面临的角色转换过程，指出应该把政策对象放在一个更广的历史背景下，审视他们的生计，才能理解其行为的真正因素、理解区域问题。

新闻学（罗文辉，1986）、心理学（赵德雷，乐国安，2003）、哲学（周凤华，王敬尧，2006）等学科对 Q 分类技术及其基本操作步骤，均有较完整的介绍和评述。于曦颖（2010）对 Q 方法和传统的 R 分析方法做过对比研究，指出 Q 方法是受访者"积极主动地测量自己"，而 R 方法是受访者"消极被动地被研究者测量"；前者的数据含义保持性强而后者弱。在中国农业研究领域，胡振虎（2008）采用 Q 方法对江西省 26 个财政部门的相关人员关于财政支农的方式进行调研，把有关财政支农资金的整合分析出 6 种代表类型的观点。

农户是土地、技术、生产资料投入的汇总者，值得深入地研究（李录堂，1999；康云海，1998）。禄志刚（2011）对农户种粮意愿起决定作用的因素进行了归纳，并以此将农户的种粮行为划分为经济型、保守型、顽固型、激进型、无奈型和娱乐型等。农户行为得到更进一步的研究，包括有基于禀赋条件的农民选择行为研究（Dodd 等，2017；常伟，张雪婷，2017；刘迎君，2017；夏敏 等，2016），基于市场经济和外部环境的决策行为研究（Stavropoulou 等，2017；罗竖元，2017；赵永南 等，2016），以及基于信息掌握程度的行为研究（Finley，Dbjr，2006；Kendra，Hull，2005；PetrzelkaMa，Malin，2013；Wilson 等，2013；王玉斌，华静，2016；颜廷武 等，2017）。通过对农民分类以解释农户行为的研究并不少。例如马志雄、丁士军，（2013）对农户的分类研究。他们指出了有必要综合"利润最大化理论""风险规避理论""劳役规避理论"等经典的理论来考察农户行为。在研究中，他们整合"利润最大化追求程度""劳役规避程度"和"风险规避程度"三个维度的指标以考察农户决策行为的多目标性。然而，三个维度的评价各自都有相对独立的理论基础，放在一个平衡的位置上作为分类基础，容易走入已有的固定的分析框架。

欧阳进良等（2004）按照农业劳动力投入程度，对黄淮海地区的农民进行分类，他们的研究阐述了不同类型劳动力投入程度的农户对应不同的土地利用方式。虽然他们对农户进行了分类，但是其研究的重心是在不同的土地利用方式及其对环境的影响上。欧阳进良等人的农户分类研究是基于单一的外在标准（农业劳动力投入程度），主要关注在于因素本身（土地、环境）。再如王春超（2009）从农户决策内生机制理论出发（该机制根据家庭经济禀赋将农民分类，认为农户的行为必然受到整个家庭的经济压力影响），将农户分为"生存压力型""效益追求型""经济发展型"三类。该研究的分类更侧重机制方面的分析，本质上是基于农户经济状况的分类。这些研究很大程度上是根据外部条件对被访者进行的分类，而不是基于农民自身差异。值得注意的是，王春超的研究引用的一些受访对象的原话则很能增强研究结论的可信性，这就是来自被访者"自身"的说服力。这种可信性是不可代替的：来自农户的直观表达，比研究者的转换或总结更加让人清楚地理解分类根据的实质。

目前，较多以农户为对象的研究忽略了农户个体性特征而强化群体特征、更重视因素分析而不是个体分析（王性玉 等，2016；李娟，武舜臣，2016；任军营，2014；聂贵芳，2018）、更重视行为特征及影响因素分析而不是以农户角度出发的特征分析（郭慧敏、乔颖丽，2012）。把注意力投入在因素的被影响者身上，而不仅仅是研究行为的特点，能突破以往的切入点，更有助于提出针对性的建议。

## 1.2.3 系统分析理论及研究

种植变动涉及影响因素众多，难以全盘考虑；即使发生微小变化带来的信息传导变化，也存在复杂的反馈关系。对这一过程进行合理的范围界定，使之可控，需要借鉴系统理论的研究成果。但是必须注意模拟的意义在于充分表达系统的综合复杂关系，合理地预测其动态过程，解释并评价可能产生的影响。因此，建模之前离不开对系统复杂性的深入研究，如果理论与应用脱节，容易陷入"为建模而建模"的误区（余强毅，2011）。

乔治·梅森大学的 Warfield 教授把关于复杂性的研究归纳为 5 个学派（Warfield，1996）：交叉学派、系统动力学派、混沌理论学派、自适应系统学派和结构学派；虽然模型未必就能反映事实，但为认识事实提供了一种简化的工具（奈杰尔·吉尔伯特，2012）。区域某种作物的种植面积变化受自然、经济、社会及人为等因素的影响，是诸因素相互作用的结果，根据系统理论，分析种植宏观区域乃是微观农户层面系统内部及外部环境之间的反馈关系的集中反映，对微观行为的研究，能为反馈机制的建立和模拟提供动态、整体的研究角度。

一个系统内部结构一旦发生改变，将引起相关的组成要素发生增加、各要素所处的位置也可能发生变化，要素之间的相互关系也会有或大或小的调整（马瑟，1986）。例如，交通条件的市场基础设施建设，不仅从宏观角度影响农业生产结构调整，也从微观层面上影响农户的生产决策（刘帅，钟甫宁，2011）。而且这些影响均是"牵一发动全身"。当供给与需求系统出现不匹配，将导致"高库存、隐性浪费、生态环境污染、农产品进口激增"等诸多问题（周振亚 等，2017）；对农业集中生产管理方式的开发、农民应用新技术的学习途径机理研究表明，种植业生产过程是一个受到社区网络、外部政策、自身属性多方面影响的复杂过程，不同的环节也会受到这些因素的交叉影响（Bandiera 等，2006；Foster A D 等，1995，2010；Röling，2009；Li Y，2012）。

建立既兼顾经济和人文等多个方面的影响，又能观察农业生产长期变化效应的研究方法；科学地刻画人文因素和农业经济因素对区域种植变动的非线性关系，运用到的模型包括社会体系模型、创新扩散模型、土地利用监控模型、综合估计模型、DPSIR 概念模型等（Fairweather，1995；Gillson，2009；Houet 等，2014；Dury 等，

2012；罗其友 等，2018）。在乡村振兴战略的大背景下，应该在处理优先农业农村发展、引入非农产业发展的同时，尤其处理好乡村振兴与新型城镇化、乡村农业与非农产业、传统农业与特色农业三组关系（陈秧分 等，2018），对我们提出了用全局、系统思维思考的要求。

在农业领域上，SD模型被用于农田系统中的肥料管理、农业土地景观设计、农业转型发展、农户的种植计划和技术管理等的模拟（Bouma，2016；Houet 等，2010；Mushtaq，2016；Aubry 等，1998）。由于利用系统动力学模型实验检验性不仅能加强模型的可信性，而且在帮助寻找政策的"支撑点"和"作用点"上，能提供大量的新信息（肖广玲，1997）。它重点在于研究系统的发展趋势，而不是系统的发展结果（Forrester，1968）。系统动力学方法的应用领域十分宽广，在经济及物流系统模拟（张力菠 等，2005）、生物能经济系统（李富佳，董锁成，2011）、人水生态系统（左其亭，2007），都利用SD模型的综合性，较好地描述了各个因素之间的信息传递和内部关系。王慧敏等（2001）建立了淮河流域人口-工业经济-水资源水环境预警模型，通过可持续发展能力指数调整流域发展策略。

影响玉米种植变化的因素包括土地资源、机械化、价格、补贴、劳动力、市场建设等，SD模型的构建，能为各种因素在玉米种植变化过程中的信息传导路径的研究，提供一个较好的结构描述和变量控制环境。

## 1.2.4 文献分析小结

对玉米种植变动的影响因素研究、农户决策行为研究理论进展及系统方法研究的文献分析发现，自然因素、土地、种植效益、劳动力、社会经济发展等宏观背景因素对区域玉米播种面积变动的影响，可能会单独起重要作用，也可能在相互之间通过信息的传导起作用。根据对文献的综合和整理，图1-1对玉米种植变化的因素做一归纳。

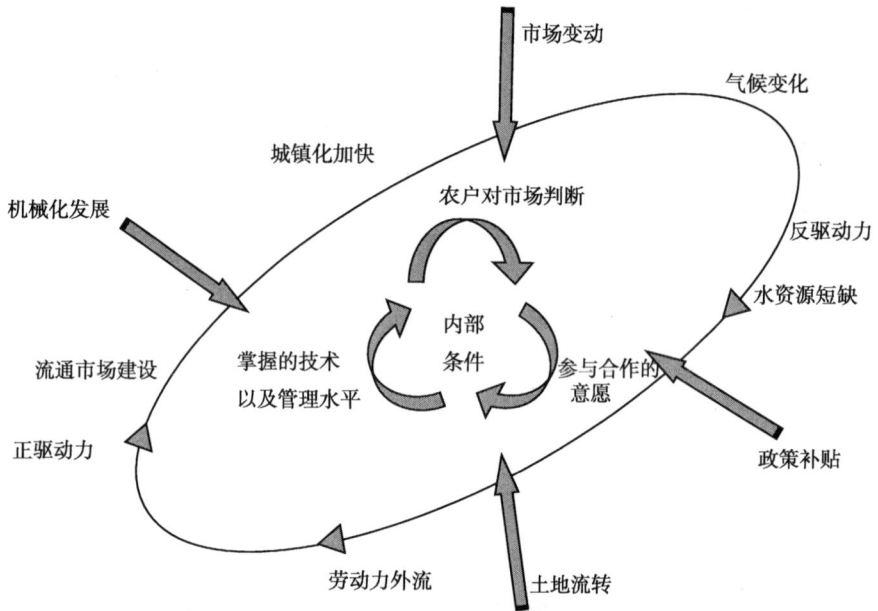

图 1-1 淮河流域农户的玉米种植受"正、反、内、外"驱动力综合调节示意图

研究方法上，一方面有众多的经济理论支撑下的种植演变因素探析，另一方面有众多大数据支持下的种植变化的动态观测分析。前者提供的证据多数是从经济模型、行为模型角度切入得出的；后者作为技术手段进步的研究潮流和趋势，使粮食种植的时空演变研究在宏观层面上取得了较多成果和结论。

在驱动因素上，气候变化、社会经济因素、农户自身选择因素变化对粮食作物种植演变有深刻的影响，需要从制度设计、技术推广等方面对区域种植进行调整，以适应气候变化、生态环境压力、市场不稳定等形势；发达国家对资源环境本身（不仅是生产效益）高度重视的趋势明显，同时，保持种植系统生态平衡的公众认可度也极高。经营者行为、生态生产观念将对未来的区域种植面积变动产生重要影响。

## 1.3 研究目的与意义

### 1.3.1 研究目的

①总结淮河流域玉米播种面积在 1995—2015 年的变化特征。

②分析影响淮河流域玉米播种面积变化的重要因素。

③调查分析淮河流域农户玉米种植意愿及其对区域玉米种植发展的影响。

④梳理基于农户决策的玉米种植变化驱动机制。

⑤为淮河流域玉米种植提出政策建议。

### 1.3.2 研究意义

（1）探索粮食主产区玉米种植变动规律，推动粮食供给侧结构性改革

随着玉米功能用途的拓展，在饲用玉米增长的同时，工业消费玉米量将迅猛增长并且需求速度加快。但目前，我国玉米生产仍受优良品种相对较少、区域性适用技术普及率低、机械化收获技术尚未普及及农田基础设施落后等因素制约，实现玉米供求平衡的任务十分艰巨。玉米种植变动机制的探索，对供给侧结构性改革背景下，如何保障粮食供给安全及产业稳定发展具有重要的基础性意义。

（2）揭示淮河流域玉米种植驱动机制，支撑粮食主产区作物空间布局调整

最近十几年，玉米逐渐取代大豆和薯类等的种植，逐渐扩张并大面积代替了间套作作物，淮河流域玉米种植格局发生了显著变化。建立玉米种植变动的解释机制，对加强淮河流域耕地保护，发展现代农业，提高资源特别是土地资源利用效率，增强区域可持续发展能力具有重要意义。

（3）研究农户粮食种植的决策行为特征，保障粮食安全，助力农民增收和乡村振兴

农户是家庭承包经营的基本单元、是我国农业生产的基本组织形式，亿万农民群众是实施乡村振兴战略的主体、是党的重要依靠力量和群众基础；激发农村基本经营制度的内在活力，是夯实现代农业经营体系的根基。深入研究农户粮食种植的决策行为特征，了解新时代农户的发展特点，对坚持农民主体地位，坚持因地制宜、循序渐进，补足农业现代化短板，保障粮食安全、发展绿色农业农产品有效供给以及促进农民增收，具有重要意义。

# 1.4 研究内容与方法

## 1.4.1 研究内容

（1）分析框架构建

对现有国内外粮食种植演变机理分析的文献和成果进行分析、归纳，梳理影响农户玉米播种面积的影响因素、主要研究方法等，构建分析框架。

（2）时空变动规律及空间特征研究

整合淮河流域的历史数据与截面数据，建立时间序列图表和空间回归模型，对影响因素进行分析。

（3）农户玉米种植意愿与行为特征分析

通过问卷分析农户种粮行为特征差异，研究农户在玉米种植演变中起到的作用，分析农户种植意愿和行为特征对玉米种植的影响。

（4）驱动机制分析

研究淮河流域农户玉米种植决策变化与各类影响因素的内在关系；模拟政策补贴、家庭收入结构变化下，不同类型农户对玉米种植决策的情境。

（5）基于研究结果提出政策建议

## 1.4.2 研究方法

主要采用文献研究法、调查法、定量与定性结合分析法、比较研究法和系统科学方法等进行研究。

①通过文献研究法搜集、整理和分析文献资料，进行玉米种植变动的分析框架构建。

②采用调查方法对农户玉米种植进行系统的调研，对农户玉米种植行为进行特征分析。

③采用分析性比较方法及定性比较分析方法研究农户决策行为特征，通过控制农户特征，对玉米种植变化进行机制解释。

④利用系统科学方法对农户玉米种植驱动机制进行构建和模拟预测。用系统科学的理论和观点，把农户玉米种植行为放在系统的形式中，从系统与要素、要素与要素、结构与功能以及系统与整体环境的对立统一关系中，对区域农户玉米种植机制进行考察、分析和研究。

# 1.5 技术路线

基于系统理论、农户行为理论等以及比较文献分析，结合统计年鉴、调研数据，第一步，采用趋势分析、空间分析方法，对淮河流域的玉米种植区域条件及变动特征进行分析，选取 1995 年、2005 年、2015 年三个时间节点，分析玉米播种面积在时间和空间分布格局的演变特征。第二步，构建地理加权回归模型，采用统计年鉴和农村固定观察点 32 个行政村数据，对淮河流域 1995 年、2005 年、2015 年影响农户玉米播种面积变动的因素及其变化进行实证分析，并用 20 年气象站点数据分析气候因素，归纳国家和各省玉米相关政策对农户种植行为产生的影响。第三步，采用调研法对农户种植玉米意愿进行分析，深入理解对淮河流域农户玉米种植特征及其可能对玉米播种面积产生的影响。第四步，通过理顺各个因素与农户玉米种植行为的内在关系，构建淮河流域农户玉米种植变动的系统动力学模型，进行现实性拟合检验和分析。第五步，根据农户种植态度差异划分不同农户类型，模拟不同类型农户的玉米种植趋势。最后提出全文结论以及相应政策建议（图1-2）。

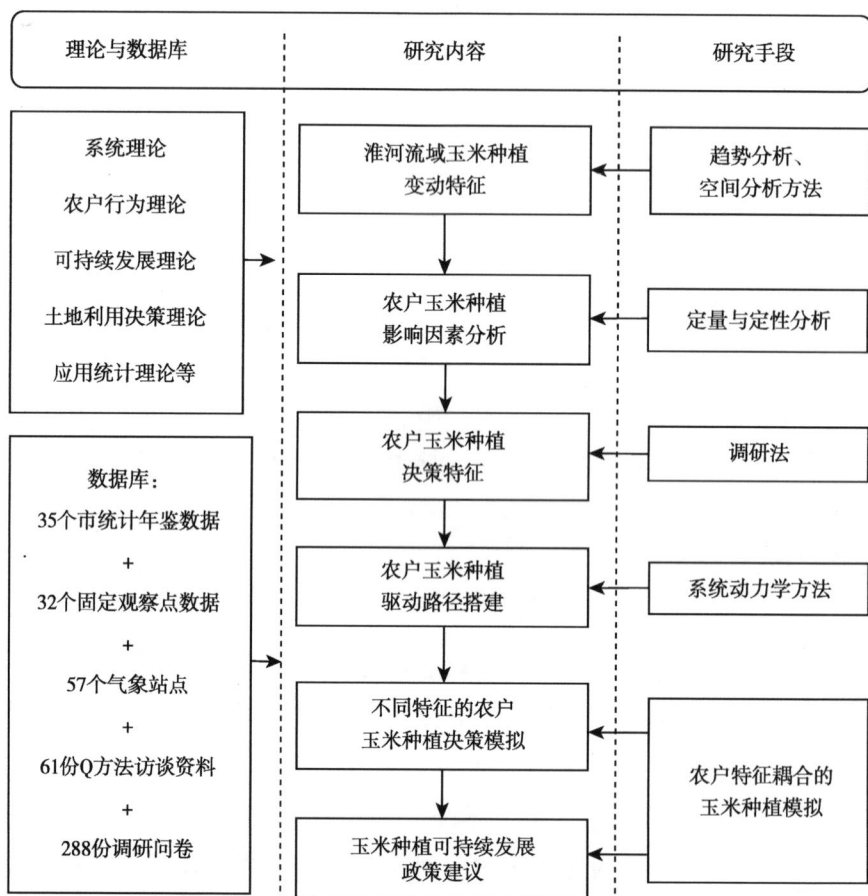

图1-2　技术路线图

## 1.6　创新点

①综合应用农村固定观察点数据和农户调研数据，定量分析了影

响流域尺度的玉米播种面积变化的主要影响因素及其作用机理。

②以农户心理特征和选择行为分析为切入点，阐明了农户玉米种植意愿及其对未来玉米种植的影响。

③采用 Q 方法对玉米种植农户进行分类，结合系统动力学模型，模拟了不同类型农户的玉米种植情境，揭示了土地、收入、补贴、劳力等因素对农户玉米种植的非线性影响及其作用路径。

# 2 分析框架与数据来源

## 2.1 分析框架

根据对影响农户玉米种植的主要驱动因素和研究方法分析，形成研究分析框架（图 2-1）。第一部分，对淮河流域 1995 年、2005 年、2015 年玉米种植变动特征分析，分析气候因素的影响，采用统计年

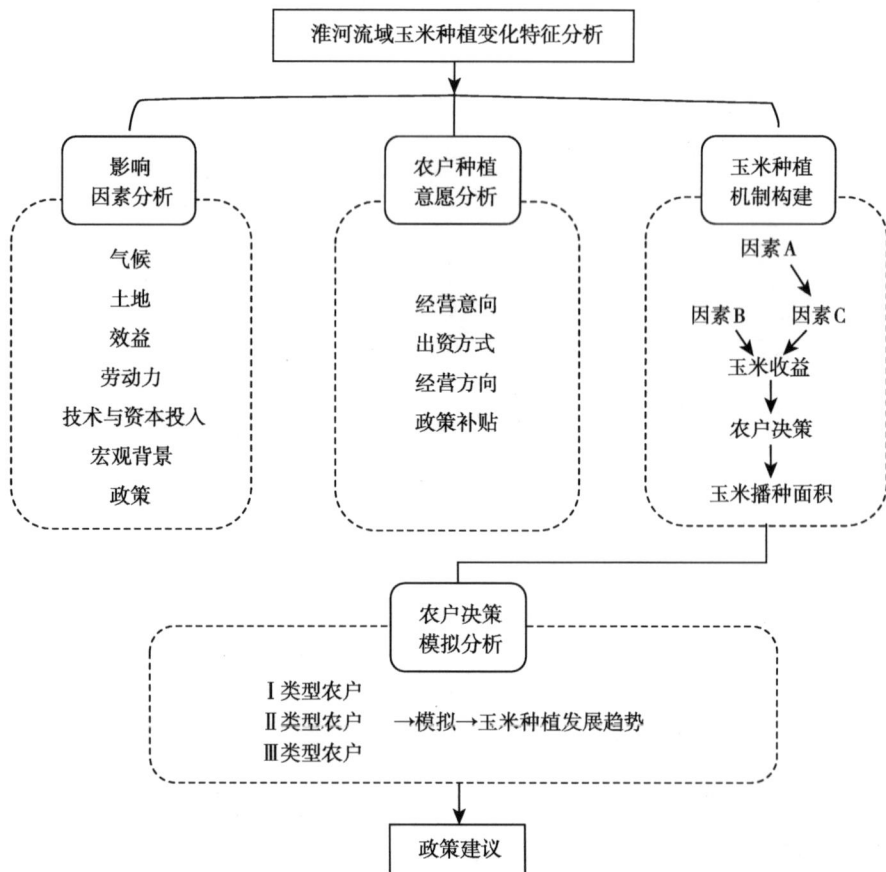

图 2-1 淮河流域农户玉米种植驱动机制分析框架

鉴和农村固定观察点 32 个行政村数据，对影响农户玉米种植的几个主要因素进行实证分析，并综合分析政策因素的影响。第二部分，基于问卷调研的农户种植玉米意愿分析，研究农户对未来土地经营前景、出资方式、经营方向的选择、政策补贴的看法可能对农户玉米播种面积产生的影响。第三部分，构建淮河流域农户玉米种植系统动力学模型，进一步分析淮河流域农户玉米种植的影响驱动机制。第四部分，根据农户对土地、收入、技术需求、补贴政策、种植计划等方面的差异，划分农户类型，基于不同类型农户的玉米播种面积模拟情境。最后提出相关的政策建议。

## 2.2 分析模型

### 2.2.1 地理加权回归分析模型（GWR）

地理加权回归是用回归原理研究具有空间分布特征的两个或多个变量之间数量关系的方法。通过在线性回归模型中假定回归系数是观测点地理位置的位置函数，将数据的空间特性纳入模型。GWR 将最小二乘回归模型结果与地理距离加权回归结果进行对比，验证各个影响因素对区域玉米种植的影响程度。具体包括空间自相关度确定、最小二乘法（OLS）、地理加权模型的建立。

GWR 模型通过空间权重，将数据的空间位置嵌入了回归参数的计算内；因此，空间位置发生变化能直观反映在参数的变化上。不同空间位置的参数计算公式为：

$$\ln y_i = \beta_{i0} + \beta_{i1}\ln(x_{i1}) + \cdots + \beta_{ik}\ln(x_{ik}) + \varepsilon_i \quad (2.1)$$

式（2.1）中 $i = 1, \cdots, n$，$k$ 代表样本点的空间位置；

$y_i$ 为因变量；$x_{ik}$ 为自变量；$\beta_{ik}$ 为考虑空间位置估计的参数；$\varepsilon_i$ 为随机误差。除了参数的位置之外，空间自相关性也包含在 GWR 中。

空间距离的权重矩阵在 GWR 建模中十分重要，根据托布勒地理第一定律（Tobler's first law of geography），一切都有相互影响关系，距离越近，影响越大。GWR 模型的空间分析见图 2-2。

公式：

$$\overline{\beta_i} = (X^{\mathrm{T}} W^{\mathrm{I}} X)^{-1} X^{\mathrm{T}} W_i y \tag{2.2}$$

式（2.2）中 $W_i$ 代表如下矩阵：

$$w_i = \mathrm{diag}\ (w_{i1},\ w_{i2},\ \cdots,\ w_{in}) = \begin{bmatrix} w_{i1} & 0 & \cdots & 0 \\ 0 & w_{i2} & 0 & 0 \\ \vdots & \vdots & \ddots & \vdots \\ 0 & 0 & \cdots & w_{in} \end{bmatrix} \tag{2.3}$$

式（2.3）中，$w_{in}$ 表示 $n$ 样本点在 $i$ 点附近的校准后权重，这些权重会随着 $i$ 位置的变化而发生变化，这是 GWR 模型区别与 OLS 模型的根本原因。

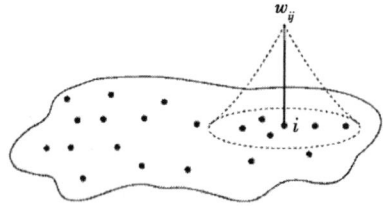

图 2-2 GWR 模型的空间分析示意图

本研究选择自动确定的变量带宽值。自动检测确定带宽有两种方式：一是黄金分割搜索方法，另一种是区间搜索方法。一般而言，黄金分切割方法确定带宽的效率更高（摘自 GWR4 软件的说明书）。同时，采用固定高斯权重分配方法（fix Gaussian weighting function），其公式为：

$$w_{ij} = \exp\left(-\frac{d_{ij}^2}{\theta^2}\right) \tag{2.4}$$

式（2.4）中，$i$ 是回归点指数；$j$ 是空间位置指数；$w_{ij}$ 是 $j$ 位置观测值的权重，将用于估计 $i$ 位置上的参数；$d_{ij}$ 是 $i$ 和 $j$ 之间的欧几里得距离；$\theta$ 是根据距离量度方法选定的固定带宽。以上数学计算可以在软件 GWR4 中实现。

## 2.2.2 系统动力学模型（SD)

任何事件的理解都不能脱离其所处的环境以及构成整体之中的各

个部分之间的互动关系（吴芳，2013）。从系统动力学的角度看，一个模型是为了研究一组具体的问题而设置的，而不是追求完整地考虑一个系统。系统动力学方法因其数学内核基础是来源于多因素间的因果关系和反馈机制，而非基于数据序列的相似性，也避免了模型阐述一种现象多个解释变量间的交叉影响，所以能够最大限度地减少数据和人为因素的干扰。

系统动力学的方法特别适合于处理精度要求不高的复杂的社会经济问题；它的目标不是追求对未来的准确预报，而是有条件的预测（图 2 - 3）。

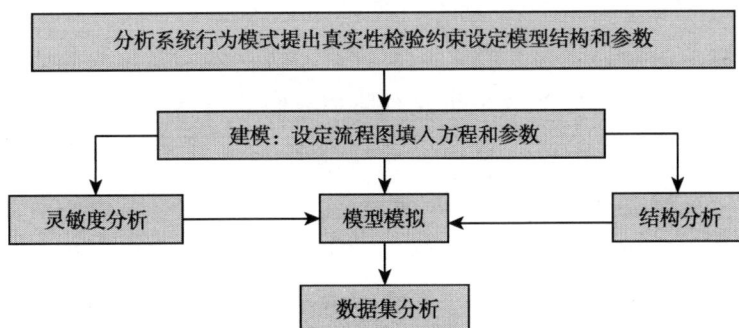

图 2 - 3　系统动力学模型构建及其分析流程

SD 模型一般在尽量完整地描述系统内各组成部分间相互作用的非线性关系、复杂的因果反馈关系基础上，把系统划分成若干个相互关联的子系统。子系统一般由一个或若干个基本单元一阶反馈回路组成，对它们的描述一般用状态变量、速率变量和辅助变量以及其他数学函数、逻辑函数、延迟函数以及常数等，是一种定量模型与概念模型相结合而以前者为主体的模型。

玉米播种面积的变化受自然、经济、社会及人为等因素的影响，是诸因素相互作用的结果。根据系统动力学理论通过分析区域种植和系统内部各组成以及系统外部环境之间的反馈关系，可以建立反映种植面积变化的系统动力学仿真模型，模拟结构演变。

### 2.2.3 Q方法（Q-Methodology）

Q方法论是心理学和社会科学中研究人的"主观性"的一种研究方法。Q方法是心理学家 William Stephenson 开发的，主要研究人们如何思考。常见的因素分析方法称为 R 方法，Q 方法的名称来自因子分析的形式，与 R 方法相对。Q 方法同样涉及样本之间的变量（例如，身高和年龄）之间的相关性。但 Q 方法将关注点放在寻找变量样本之间的相关性。Q 因子分析减少了许多个人观点，最终得到几个"因素"，认为这几个"因素"代表共享的思维方式。Q 分析将传统的 R 分析常用的受访者为行数据、关注因素为列数据翻转过来处理，形成关注因素为行数据、受访者为列数据的分析思维。通过这种翻转，关注的对象变成是研究对象和他们的世界观，而不是研究者设计的因素（Brodt 等，2006）。Q 方法认为人的主观性也不是无限可变的，虽然表达形式不一样，但是某个群体对某个问题的看法总是有一些共通的模式可循的（Brown，1980），人的主观看法，可以借由被访问者对一些观点的主观性排序操作而传达、表现出来，进一步得到分析和归类，像行为一样可以被观察和分析研究。将话语权移交回被采访者身上，通过"他们自己的语言"测度态度（Addams 等，2000），科学地测量主观性。

Q 方法的优点包括观点几乎完全源于关注群体、所需要的样本量小、没有"被平均"的数据，几乎每一个数据都在分析过程中发挥作用。Q 方法中只要求 20～50 个样本、30～50 个陈述表达，Hermans 等（2012）指出，更少的样本更有利于研究结果的提炼。Q 方法的操作步骤如图 2-4 所示。采用"PQ Method2.11"软件进行分析。

### 2.2.4 交叉列联表的卡方检验

交叉列联表的卡方检验主要用于分析行变量与列变量之间是否有

```
                    收集"想法"

        对"想法"进行分类,并整理出陈述句

    收集采访对象对每个陈述句的同意程度,收集维度足够有代表性的样本

            录入数据(软件PQ Method)

      QCENT:因素相关度计算(Centroid factor analysis)

  QPCA:主因素提取(Perform Principal Components factor analysis)

          QROTATE:因素旋转(Rotation of factors)

    QANALYZE:旋转后因素分析(Perform a Q analysis of rotated factors)
```

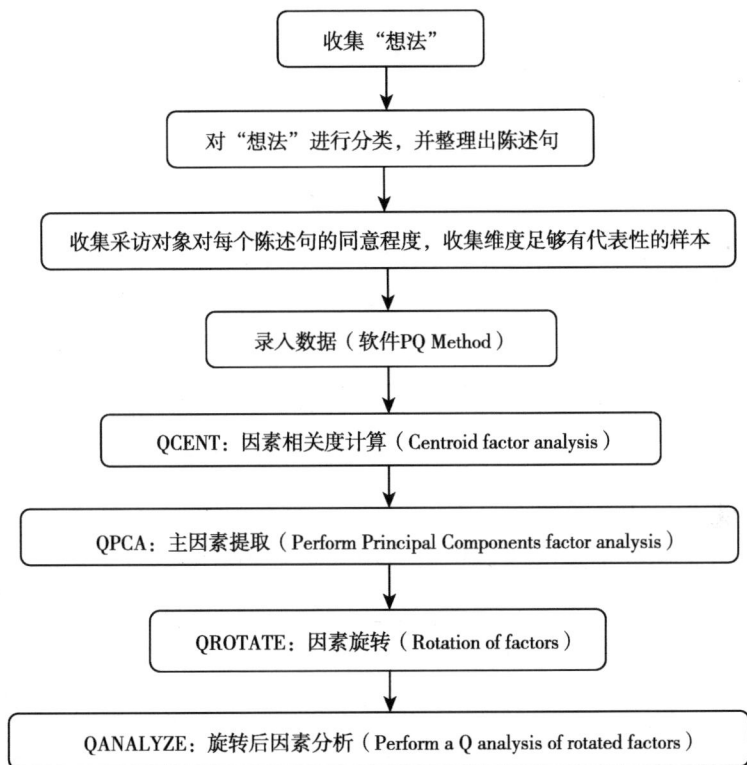

图 2-4　Q 方法操作步骤

联系以及联系的紧密程度。包括提出零假设、选择和计算检验统计量、确定显著性水平三步。

（1）提出零假设（$H_0$）

基于交叉列联表的频数分析，掌握单个变量的数据分布情况。零假设为：行变量与列变量独立。

（2）选择和计算检验统计量

Person 卡方统计量数学定义为：

$$X^2 = \sum_{i=1}^{r} \sum_{j=1}^{c} \frac{(f_{ij}^o - f_{ij}^e)^2}{f_{ij}^e} \tag{2.5}$$

式（2.5）中，$r$ 为列联表的行数，$c$ 为列联表的列数；$f^o$ 为观察频数，$f^e$ 为期望频数。期望频数分布反映的是行列变量互不相干

下的分布，说明行列变量间的关系相互独立。

（3）确定显著性水平和临界值

显著性水平是指零假设为真却将其拒绝的风险，即弃真的概率，通常设为 0.05 或 0.01。

## 2.3　数据来源

### 2.3.1　统计数据

包括《中国县（市）社会经济统计年鉴》《全国农产品成本收益资料汇编》以及苏鲁豫皖这四个省各地级市的统计年鉴数据。考虑区域划分界线及数据来源，以地级市为最小研究单元。与安徽省六安市邻接的湖北省有一县及一村属于淮河流域，但县级和村级数据，难以与其他地级市形成对比，没有将湖北省的县和村列入本研究的范围中，并最终确定研究范围为河南省的郑州、开封、洛阳、平顶山、许昌、漯河、南阳、商丘、信阳、周口、驻马店 11 市；江苏省的徐州、南通、连云港、淮安、盐城、扬州、泰州、宿迁 8 市；安徽省的合肥、淮北、亳州、宿州、蚌埠、阜阳、淮南、滁州、六安 9 市；山东省的淄博、枣庄、济宁、泰安、日照、临沂、菏泽 7 市，共计 35 个。

### 2.3.2　观测数据

通过全国气象共享中心网站，搜集淮河流域及超出其边界的附近共 57 个站点的月度气温、降水、日照时数三项数据指标，计算 1995—2015 年玉米生长季 7 月、8 月、9 月平均月气温、平均月降水量、全年总日照时数，分析气候因素对玉米种植格局的影响。由于站点数据在空间上的分布不以行政省为记录单元，且气候因素的过渡特性与行政单元的"断崖式"空间特性不同，空间分析图采用反距离法插值，获取栅格数据的方法分析。以淮河流域 35 个城市范围内及其边界外围附近 57 个站点的月度气温、降水、日照时数指标计算。

## 2.3.3  调查数据

（1）采用中共中央政策研究室、农业部农村固定观察点办公室通过对固定不变的村和农户进行长期有效跟踪调查取得的数据（1995年、2005年、2015年），将淮河流域32个村\*作为 GWR 模型的样本，分析淮河流域玉米种植影响因素。

（2）2017 年 3 月—2018 年 5 月，实地调研山东省日照市东港区，江苏省兴化市、沛县、丰县，安徽省金寨县、阜阳市颍州区，河南省信阳市罗山区、光山区、驻马店市确山县、平舆县、商丘市通许县、洛阳市孟津县等共 4 省 9 市 12 个区县，深入访谈，分析农户玉米种植行为差异。实际完成问卷 62 份，有效问卷 61 份，问卷回收率100%，问卷有效率 98.4%。问卷见附录 1。

（3）2018 年 12 月，通过线上和线下发放、收集问卷。实际完成问卷 309 份，有效问卷 288 份，问卷回收率 100%，问卷有效率93.2%；数据采用 spss 统计软件进行影响因素的列联表卡方分析相关性检验，分析农户家庭玉米种植意愿。问卷见附录 2。

---

\*  32 个样本村具体包括江苏省宿迁市大兴镇农场村、宿豫区大兴镇前高圩村、东台市新街镇东闸村、东台市新街镇葛墩村、兴化市钓鱼乡西俸禄村、兴化市钓鱼乡陈木村、如皋市江安乡北小庄村，安徽省濉溪县孙町乡郑桥村、灵璧县晏路乡高田村、太和县城关镇关北村、凤台县马店乡毕湾村、蚌埠市郊区李楼乡汪圩村、明光市明光镇徐郢村、金寨县桃岭乡金桥村、合肥市蜀山新区蜀山镇蜀山村、肥西县官亭镇官亭村，山东省蒙阴县野店乡南峪村、宁阳县宁阳镇杜家村、济宁市伍城区坡里王村、郓城县双桥乡赵欢口村、日照市日照街道办事处小古城村，河南省巩义市回郭镇祝家庄、禹州市文殊乡陈东村、兰考县固阳镇孔场村、新县曰铺乡塘畈村、沈丘县北郊乡新建村、柘城县牛城乡郑楼村、唐河县处岗乡王屯村、新蔡县十里铺乡祖岗村、郾城区阴阳赵乡阴西村、汝州市蟒川乡任村、洛阳市郊区孙旗屯村。

# 3 农户玉米种植影响因素分析

本章首先对淮河流域玉米播种面积在 1995—2015 年的变动特征进行分析；其次采用空间分析法，将气候特征与淮河流域玉米种植格局进行对比，分析气候因素对玉米种植的影响；然后，采用地理加权回归方法对淮河流域农村固定观察点的人均耕地数量、种植效益、劳动力、资本和投入及宏观背景五个因素进行分析，明确五种因素对农户种植玉米面积的影响*；最后，对淮河流域内苏鲁豫皖四省的玉米相关政策因素进行分析。

## 3.1 淮河流域玉米种植变动特征分析

从粮食种植结构多年变化看，1980—2015 年，淮河流域的谷物种植结构中稻谷变化不大，玉米和小麦明显增加（表 3-1）。

表 3-1 淮河流域粮食种植结构占比

| 年份 | 稻谷 | 小麦 | 玉米 | 大豆 | 薯类 | 其他 |
|------|------|------|------|------|------|------|
| 1995 | 16% | 45% | 20% | 6% | 7% | 5% |
| 2005 | 17% | 44% | 23% | 7% | 4% | 4% |
| 2015 | 18% | 48% | 25% | 5% | 2% | 1% |

数据来源：国家统计局、研究区域各个地级市统计年鉴。

图 3-1 给出全国和淮河流域玉米种植在 1995—2015 年的发展趋势，全国玉米播种面积呈现上升趋势。2003 年以前，玉米播种面积

---

\* 空间自相关检验（附表）玉米播种面积 1995 年、2005 年、2015 年、2016 年莫兰指数分别为 0.338、0.403、0.404、0.434，表明淮河流域玉米播种面积存在逐渐增加的高值聚集空间特征，忽略空间效应而直接采用 OLS 估计将产生研究偏差，因此，对淮河流域 32 个农村固定观察点 1995 年、2005 年、2015 年、2016 年数据构建 GWR 模型。

波动范围在 2 300～2 600 万公顷间，2003—2015 年直线上升，年均增长速度 4.03%，其中 2005—2006 年达 7.98%。淮河流域玉米播种面积也呈现上升趋势（每隔 5 年进行数据标记）。1995—2004 年波动范围在 380～430 万公顷间，2005—2009 年连续上升，年均增长速度 1.25%；在 2010 年有所下降，但 2011 年、2012 年两年连续增加，2010—2011 年的增长速度达到 9.45%；2013 年、2014 年玉米有所下降；而后 2015 年比 2014 年更是大幅增长了 10.5%。

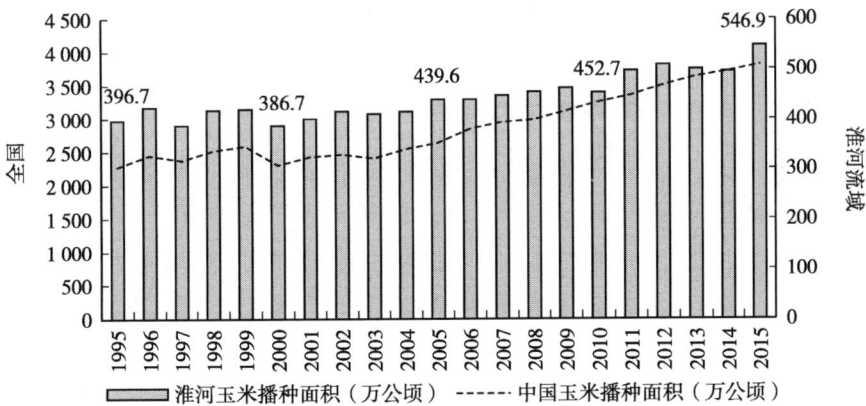

图 3-1  1995—2015 年淮河流域和全国玉米播种面积

1995 年玉米种植最多的地级市区域，播种面积在 15.1 万～25 万公顷之间，包括山东省的菏泽、济宁、临沂，江苏省的徐州，河南省的商丘、周口、南阳、驻马店，安徽省的宿州、阜阳，主要属于河南平原玉米种植区、鲁中丘陵山地玉米区和徐淮夏玉米区。种植最少的地级市玉米播种面积在 1 000～20 000 公顷之间，分布在淮河流域南部河南省信阳，安徽省六安、滁州、淮南，以及江苏省扬州、泰州。

2005 年，相对于 1995 年玉米种植空间格局，淮河流域西部地区的玉米种植增加、东部地区玉米种植减少。玉米播种面积在淮河流域的最大分级增加到 20.1 万～33.2 万公顷之间，在空间上，分布在河南省商丘、周口、驻马店和山东的临沂。这几个地区相连，成为淮河流域上较明显的玉米种植集中区域。其次，玉米播种面积增加明显的有洛阳、开封、许昌，有微小增加的地级市为信阳；在东部的徐州、南部的阜阳则有所减少。

2015 年，淮河流域玉米种植形成了较早前鲜明的分布格局：临沂—徐州—宿州—亳州—阜阳—驻马店 6 个城市的以北以西的地级市玉米播种面积，均大于 15 万公顷；在淮河上游、中游的干流以南区域的地级市玉米播种面积，均小于 5 万公顷。玉米种植的第一级别面积增加到 30.1 万～45.6 万公顷；空间上，连片分布在淮河流域上游的豫西和豫中地区，其中菏泽、商丘、周口、驻马店、南阳和安徽的阜阳、宿州连片分布格局形成，形成淮河流域超 300 千公顷的玉米种植空间布局片区。种植最少的玉米播种面积也有所增加并且也形成了连片的空间格局。种植面积在 1 000～50 000 公顷之间，分布在淮河流域南部河南省信阳，安徽省六安、滁州、淮南、合肥，以及江苏省扬州、泰州、淮安、连云港，以及安徽的宿迁。

1995—2015 年，玉米种植明显增加，在淮河流域西部、中部偏西区域的空间集中程度增强。空间分布上，菏泽、商丘、周口、驻马店、南阳和安徽的阜阳、宿州 7 个城市连片并且玉米播种面积都大于 30 万公顷；在江淮地区、沿海地区和徐淮地区的玉米种植则增加幅度较小甚至有所下降。通过对比淮河的干支流示意图，发现淮河上游、中游的干流以南，与淮河流域玉米播种面积小于 5 万公顷的划分界线大致重合。

## 3.2 影响因素分析

### 3.2.1 气候因素

淮河流域地处中国南北气候过渡带，是重要的气候变化敏感区，气候变化对淮河流域一带的农业生产带来一定的冲击，并具有明显的纬向性和区域过渡特点。选取主要影响淮河流域玉米产量重要生育期，1995 年至 2015 年 7 月、8 月、9 月的月均气温、月均降水量，以及累计日照时间三个指标，分别从光照、降水、温度三方面探究气候因素对 1995—2015 年淮河流域玉米种植格局变化的影响。

玉米属短日照作物，生育期较短，日照时数要求每天在 12 小时以内，日照在 10 小时内较为适合玉米的生长。如果日照时间较长，不仅会使开花延迟，严重的还可能导致结穗不成而减产。为了保证提早成熟，有利于玉米的灌浆，玉米的生长温度需保持在 20～24℃，如果温度低于 16℃，或高于 25℃，则会导致相关淀粉酶活动受影响，籽粒灌浆不良。由于特殊的地理位置，淮河流域整体春温低，春雨多；夏季季风由东南向西北移动，降水逐渐减少，在江淮一带降水多，形成梅雨季节，还伴有台风，而北部地区降水少，容易干旱；秋季地面常有冷高压盘踞，形成秋旱。近年来，淮河流域旱涝急转事件的发生频次增加，造成了不利影响，短期内遭遇干旱和洪涝灾害的急剧转变造成的损失远远超过单一的干旱或者洪涝灾害。研究还指出，淮河流域旱涝急转事件的发生平均笼罩范围为 17.35%；旱涝急转事件在淮河流域的发生频率在局部区域高达 29%～43%；从年内分布看，约有 84.77% 的旱涝急转事件发生在 6～8 月（黄茹，2015）。区域气候因素的变化和稳定性对玉米生产和布局产生重要影响。

### 3.2.1.1　多年平均气温影响

玉米原产于中南美洲热带地区，是喜温作物，整个生育期间都要求较高的温度和充足的水分。一根玉米株体有 80%～90% 是水分，由于玉米生长在高温季节，植株生长高大迅速，所以耗水量较多（每亩玉米从播种到成熟需水 200～350 立方米）（竺三子，2015）。玉米种子在 6～7℃ 可发芽，但这个温度容易受土壤中的微生物侵害，发芽极为缓慢。淮河流域春季时冷时暖且降水较多，不利于玉米种子的生长，玉米种子发芽最适合的温度在 28～35℃，淮河流域夏季受季风气候影响，雨热同期，雨量比较适中，一般年份都能满足玉米生长发育的需要。

淮河流域 1995—2015 年玉米生长季平均气温在 16～27℃ 范围内

分布，流域范围内气温自东南往西北部和北部递减。1995—2015 年间淮河流域玉米播种面积减少或增加量在 1.5 万公顷以内的地级市，主要位于东部的江苏省、安徽省，均位于玉米生长期平均月气温高于 26℃ 的区域范围；而玉米种植增加量超过 15 万公顷的地级市范围，均位于玉米生长期平均月气温在 25～25.5℃ 范围内。根据 Liu (2017) 对玉米生长期内平均温度和潜在产量的关系研究，黄淮海平原的夏玉米生长期平均温度最高为 26～28℃，不利于玉米的传粉效率，对玉米产量产生很大的影响。

### 3.2.1.2　多年平均降水影响

淮河流域 1995—2015 年玉米生长季平均月降水量，取值范围从 82 毫米到 246 毫米，呈现出东部大部地区降水量高、南部局部地区降水量较高，整体逐渐向淮河流域西部和北部降低的空间分布特点。东部大部分区域，尤其是盐城和连云港在玉米主要生长期的平均月降水量在 200 毫米以上，为降水量高点；南部局部区域（信阳大部分及信阳与驻马店、南阳、阜阳等地交界处）也较周边区域高；低点则位于淮河流域最西部洛阳市和最东部的南通市东部。1995—2015 年间淮河流域玉米种植增加量超过 5 万公顷的地级市范围，与玉米生长期平均月降水量在 140 毫米以下的重合区域较大。据高继卿、杨晓光 (2015) 对北方地区降水时空变化及其差异规律研究，1961—2010 年，年降水日数均呈显著下降趋势，尤其是最近 30 年的小雨等级降水量和降水日数明显下降，半湿润区（淮河流域的河南省、山东省）的降水秋季减少最为显著；据李德楠 (2014) 的研究，淮河流域的夏涝和秋旱受灾并存：上游以春旱为主，中游以夏旱为主；夏秋多涝，集中于中下游地区；研究资料显示，夏季降水约占淮河流域全年降水的 54%（袁喆，2012）。

### 3.2.1.3　多年累积日照影响

淮河流域 1995—2015 年平均的玉米生长季 7 月、8 月、9 月累积日照时数情况，取值范围从 350 小时到 701 小时，差异较大，流域范围内等日照时数区域纵向分布，大致自东部向西部递减。西部区域（郑州、许昌、平顶山、南阳、驻马店几个地级市交界处）玉米主要生长期的累积日照时数低于 460 小时，为区域范围内的日照量"低谷"；另外一个日照时数的"低谷"位于滁州市和淮安市交界处。1995—2015 年间淮河流域玉米种植增加量超过 15 万公顷的地级市范围，与玉米生长期累积日照时数在 350～520 小时范围基本相符。

三个气候因素中，玉米生长期平均气温大于 26℃的空间格局，与 2015 年玉米种植小于 5 万公顷的地级市区域的格局最为吻合，适应了 20 年内淮河流域夏玉米种植对产量有利的温度分布格局。结合 1995—2015 年淮河流域玉米主要生长季（7 月、8 月、9 月）的区域降水空间差异，淮河流域玉米种植在春秋降水适宜的区域出现了显著扩张和集中，在夏季多涝以及高温区域没有出现显著变化。同时，淮河流域玉米生长期内的平均降水和累积日照时数，存在局部高值点或低值点，表明区域降水量和日照存在一些不稳定变化因素，气候因素仍会长期增加农户玉米种植的风险。

## 3.2.2 耕地因素

主要从区域人均耕地面积和粮食播种面积比例两个方面，衡量耕地因素对玉米种植的影响。耕地是种植业的基本载体，区域可经营的土地多少及其与劳动力数量的关系，直接影响务农收益以及务农意愿，预期对种植的驱动以正效应为主；区域粮食播种面积的增减，是区域种粮传统优势发展的重要参考，预期这两个指标对玉米种植的驱动以正效应为主。

1995—2015 年间，淮河流域人均耕地面积一直低于全国平均水平，稳定在人均 1～1.1 亩之间（图 3-2），而在粮食播种面积占总耕地面积的比例上，淮河流域在 1995 年与全国水平十分接近，但此后呈现较稳定地上升趋势，显著地高于全国平均水平（图 3-3）。历史数据表明，作为我国粮食主产区，在粮食播种面积上的优势可看出，1995—2015 年间，淮河流域的粮食生产对我国粮食安全做出了巨大贡献；然而，淮河流域在人均耕地资源上显著处于劣势，人均耕地少导致淮河流域粮食生产的人地矛盾十分严峻。

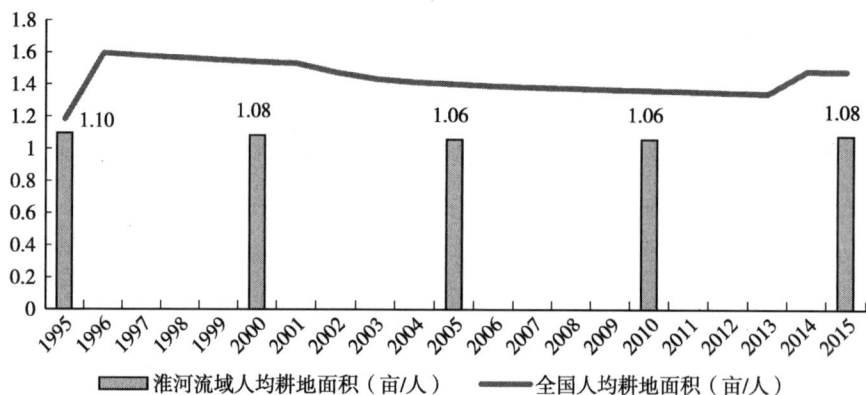

图 3-2　1995—2015 年淮河流域和全国人均耕地面积

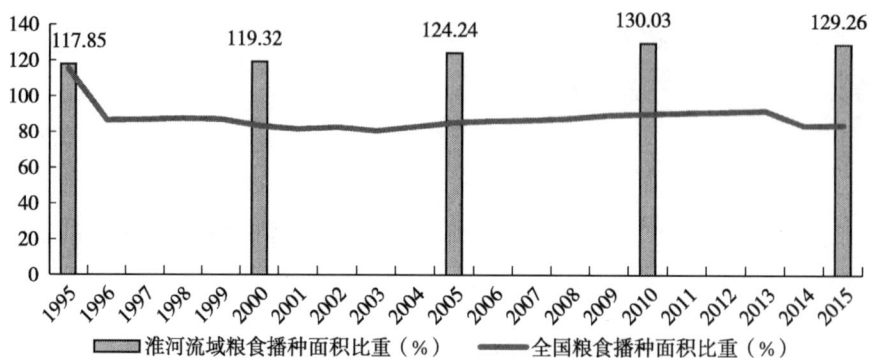

图 3-3　1995—2015 年淮河流域和全国粮食播种面积比重

表 3-2 给出了淮河流域范围内农村固定观察点 32 个样本村在 1995 年、2005 年、2015 年、2016 年的相关数据平均值。数据显示，32 个淮河流域样本村的玉米播种面积存在增加趋势，1995—2005 年增加 4.93%，2005—2015 年增加更是达到 59.98%；户均家庭经营耕地面积先减小后增加，1995—2005 年减少 11.74%，2005—2015 年增加了 42.46%，在 2015—2016 年期间又增长了 3.95%；户均玉米种植收入逐渐增加，并且增加的速度加快，1995—2005 年增加

43.47％，2005—2015 年增加高达 16 倍多，2015—2016 年期间减少 19.00％；亩均劳动力数先降后增，1995—2005 年减少 7.89％，2005—2015 年增加 25.71％，2015—2016 年期间也表现为增加趋势，增加 25％；工资性与经营性收入之比大幅度提升，1995—2005 年从 0.12 增加到 2005 年的 2.21，再到 2015 年的 5.38，即工资性收入在 1995 年还是只有家庭经营收入的十分之一多一点，但到 2005 年工资性收入已是家庭经营收入的 2 倍多，2015 年，平均工资性收入已达家庭经营收入的 5.38 倍，2015—2016 年期间工资性与经营性收入之比增加了 6.69％。区域有效灌溉面积稳步提升，1995—2005 年增加 29.99％，2005—2015 年增加更是达到 17.02％，2015—2016 年期间小幅增加 0.27％；机耕机播比例 2005 年约 50％，2015 年提升了约 23 个百分点，2005—2015 年增长 42.25％，2015—2016 年期间小幅增长 1.71％；人均 GDP 增长迅速，1995—2005 年翻了两倍多，2005—2015 年更是翻了接近三倍，2015—2016 年期间增长 8.56％。

表 3-2 淮河流域 32 个村在 1995 年、2005 年、2015 年、2016 年的统计数据

| 指标 | 1995 年 | 2005 年 | 2015 年 | 2016 年 |
|---|---|---|---|---|
| $Y$：全村玉米播种面积（亩） | 581.09 | 609.76 | 975.50 | 1 040.03 |
| | (584.01)[①] | (572.77) | (431.18) | (611.10) |
| $X_1$：户均家庭经营耕地面积（亩） | 4.43 | 3.91 | 5.57 | 5.79 |
| | (2.49) | (1.78) | (3.22) | (3.61) |
| $X_2$：户均玉米种植收入（元）[②] | 31.22 | 44.79 | 750.55 | 607.91 |
| | (15.49) | (32.47) | (67.64) | (148.36) |
| $X_3$：亩均劳动力数（人/亩） | 0.38 | 0.35 | 0.44 | 0.55 |
| | (0.15) | (0.18) | (0.62) | (0.28) |
| $X_4$：工资性与经营性收入之比 | 0.12 | 2.21 | 5.38 | 5.74 |
| | (0.14) | (1.91) | (2.45) | (3.43) |
| $X_5$：区域有效灌溉面积（亩） | 252.16 | 327.58 | 383.32 | 384.34 |
| | (156.56) | (141.47) | (160.10) | (162.14) |
| $X_6$：机耕机播比例（％）[③] | — | 53.47 | 76.06 | 77.36 |
| | (—) | (37.55) | (35.17) | (32.57) |
| $X_7$：区域人均 GDP（元） | 3 406.99 | 11 683.54 | 44 815.97 | 48 653.94 |
| | (1 159.23) | (5 188.78) | (19 491.64) | (21 577.09) |

注：①括号内为标准偏差；②1995 年，户均玉米种植收入数据没有具体进行调研，采用户均粮食种植收入数据代替；③数据来源缺乏 1995 年机耕机播耕地面积。

以玉米播种面积为 $Y$，以上 7 个指标为自变量对玉米播种面积构建 GWR 模型，对比 OLS 模型的 AICc、调整 $R^2$ 指标，四个 GWR 模型拟合优良性较好（表 3-3）。

表 3-3　1995 年、2005 年、2015 年、2016 年玉米播种面积 GWR 模型参数

| 年份 | $R^2$ | 调整 $R^2$ | 对应 OLS 模型调整 $R^2$ | GWR 模型 AICc 值 | OLS 模型 AICc 值 |
|---|---|---|---|---|---|
| 1995 | 0.792 | 0.775 | 0.731 | 277.77 | 349.47 |
| 2005 | 0.845 | 0.819 | 0.763 | 288.72 | 369.21 |
| 2015 | 0.885 | 0.868 | 0.840 | 214.43 | 280.10 |
| 2016 | 0.948 | 0.930 | 0.921 | 146.44 | 158.53 |

下表分别给出了 1995 年、2005 年、2015 年、2016 年对农村固定观察点的家庭经营面积、玉米种植收益等影响因素的实证分析参数。其中，Max（最大值）和 Min（最小值）是指在所有样本点中回归系数最大的系数，Rang 是参数取值范围；StdError（回归系数的标准差）是模型中随机扰动项（误差项）的标准差的估计值标准误越小，表示模型的预测越准；VIF（方差膨胀因子，Variance Inflation Factor）主要用于验证解释变量里面是否有冗余变量（即是否存在多重共线性）。一般来说 VIF 超过 7.5，就表示该变量有可能是冗余变量。

对户均家庭经营面积因素实证分析参数显示，在 2016 年，家庭经营耕地规模每增加 1%，玉米播种面积平均增加约 1.8%（表 3-4），家庭经营面积因素的影响系数对玉米播种面积的影响从负转为正，且绝对值呈增加趋势，说明家庭经营耕地数量对玉米面积影响发生了较明显的转变且影响程度增强。

表 3-4　户均家庭经营耕地面积参数估计

| Year | Coefficient | Min | Max | Rang | StdError | VIF |
|---|---|---|---|---|---|---|
| 1995 | −0.471 | −0.881 | 0.116 | 0.997 | 0.469 | 3.839 |
| 2005 | −1.094 | −1.702 | −0.092 | 1.610 | 0.685 | 3.633 |
| 2015 | 1.257 | 0.614 | 1.957 | 1.343 | 0.020 | 1.543 |
| 2016 | 1.791 | 0.839 | 1.965 | 1.126 | 0.757 | 4.596 |

## 3.2.3 种植经济效益因素

主要从区域玉米价格、销售收入、成本收益率、外出务工收入等方面，衡量经济效益因素对玉米种植的影响。亩均收入是种植业的直接诱导因素，价格和产量带来的收入预期与种植变化，直接影响农户种植的决策，预期价格对玉米种植的驱动产生正影响；替代作物的效益对玉米种植产生负影响。

安徽、江苏、山东、河南四省与全国多年玉米亩均利润对比（表3-5）表明，四省之间玉米种植亩均效益差异较大，在不同时间节点上存在波动。四省平均的玉米种植亩均收益基本上保持高于全国平均水平。2015年，玉米种植的亩均利润为负，转折出现在2010—2015年间。

表3-5　淮河流域四省与全国玉米亩均纯收益（元/亩）

| 年份 | 江苏 | 安徽 | 山东 | 河南 | 四省平均 | 全国平均 |
|------|------|------|------|------|----------|----------|
| 2000 | 60.10 | 67.75 | 75.37 | 70.76 | 68.50 | −6.88 |
| 2005 | 5.16 | 95.67 | 164.01 | 168.98 | 108.46 | 95.54 |
| 2010 | 320.17 | 328.65 | 337.87 | 235.07 | 305.44 | 239.69 |
| 2015 | −77.30 | −29.97 | −77.39 | −65.21 | −62.47 | −134.18 |

数据来源：全国农产品成本收益资料汇编2016。

以小麦-大豆/玉米的种植为例：玉米、大豆、小麦的亩均生产成本不断上升，现金收益波动变化明显，其中玉米的亩均现金收益波动最大。从2012年开始，三种作物的现金收益与现金成本出现不同步增长，亩均现金收益波动下降明显（图3-4）。从成本收益率来看（图3-5），2004年、2005年，三种作物的成本利润率差异不大；2006—2011年，玉米的成本利润率呈现两个"峰期"，表明这段时期玉米价格较不稳定，是农户对价格的反应滞后性和跟风种植导致了这段时期玉米播种面积的扩张；2012年开始，玉米的成本收益率开始呈现明显下降趋势。

进一步比较三种作物的成本收益率，2007—2008 年，玉米的成本收益率最高；2009—2013 年，大豆的成本收益率最高；2014—2015 年，小麦的成本收益率最高，因此，对于小麦-玉米/大豆种植方式的农户而言，除了 2004 年和 2011—2013 年，在三种作物之中，总有一种作物的成本收益率呈上升趋势。比较效益因素分析表明，就总体而言，由于成本的快速增加，种粮的平均利润下降趋势显著；2010 年开始，玉米播种面积的扩张并不是由于玉米收入比较多。

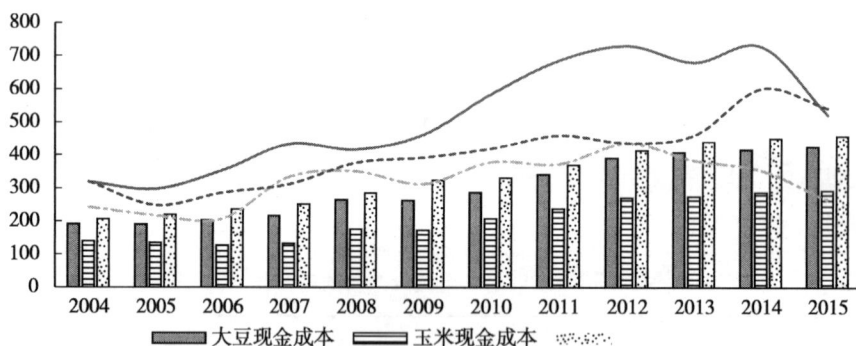

图 3-4　2004—2015 年全国大豆、玉米、小麦现金成本和现金收益（元/亩）

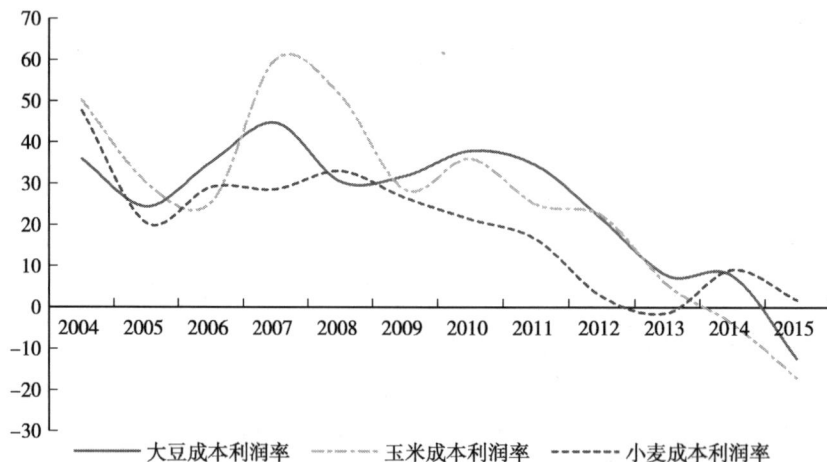

图 3-5　2004—2015 年全国大豆、玉米、小麦成本利润率（%）

对农村固定观察点的户均玉米种植收入实证分析参数结果显示，2016 年，农户玉米种植收入每增加 1%，玉米播种面积将平均增加约

2.43%（表3-6），表明玉米种植收入对农户种植玉米影响越来越大。1995年，粮食收入对玉米种植负响应，这可能因为早年农户种植玉米所得大多用于自家消费以及喂养牲畜，与销售收入的统计关系较弱。

表 3-6　户均粮食（玉米）种植收入参数估计

| Year | Coefficient | Min | Max | Rang | StdError | VIF |
|---|---|---|---|---|---|---|
| 1995 | −1.542 | −2.571 | −0.129 | 2.442 | 1.187 | 2.539 |
| 2005 | 0.035 | −0.006 | 0.108 | 0.114 | 0.047 | 7.647 |
| 2015 | 1.779 | 0.992 | 2.362 | 1.370 | 0.028 | 1.500 |
| 2016 | 2.428 | 2.260 | 2.845 | 0.585 | 0.252 | 2.698 |

## 3.2.4　劳动力因素

主要从乡村劳动力数量、亩均劳动力投入量以及劳动力机会成本三个方面，衡量劳动力因素变化对玉米种植的影响。劳动力外流将直接减少种植业所需的劳动力数量，并对实际人均耕地面积造成直接的影响，随着外出务工机会的增加，外出务工收入对农户判断家庭总收益有重要的影响作用，但是外出务工将影响在家务农，因此还需考虑外出务工的机会成本，预期外出务工的抉择对种植的驱动以负影响为主。农业劳动力的种植效率反映在其掌握知识、种植技能、获取信息进行决策等方面，会涉及农户经营的认知影响因素。农业劳动力面临的机会成本采用城镇居民与农村居民人均纯收入之差代表。农村居民收入与城镇居民收入差距越大，则农业劳动力面临的外流吸引力越大；采用农研中心固定观察点数据计算农户工资性收入与家庭经营收入之比作为指标。工资性收入与家庭经营收入之比越大，则农业劳动力面临的外流吸引力越大。

从劳动力数量看，1995—2015年，淮河流域乡村人口比例在55.89%~76.1%之间，相对于全国乡村人口比例在1995—2015年的显著下降（1995年的70.96%下降至2015年的44.12%），淮河流域在2000年以后乡村人口比例高于全国平均水平（图3-6）。对劳动力数量的时间变化分析表明，淮河流域地区城镇化率较全国平均水平慢，乡村劳动力在数量上相对有优势。

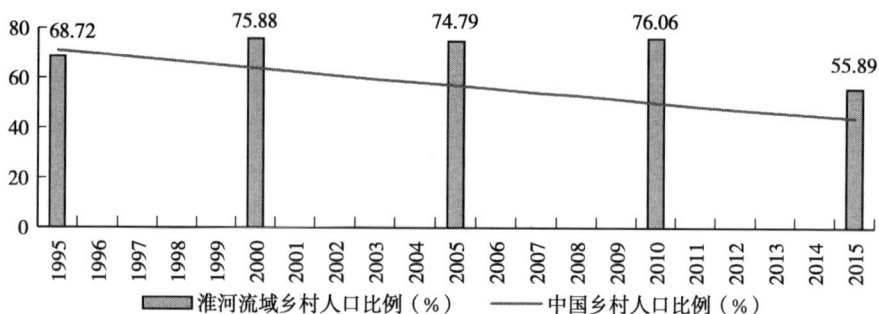

图3-6 1995—2015年淮河流域和全国乡村人口比例

从玉米亩均年用工量看（图3-7），1995—2015年，玉米的亩均年用工量逐年下降，1997—1999年下降最快。四个省份的玉米亩均年用工数量总体低于全国水平，但江苏省的玉米亩均年用工量在2015年高出全国平均水平。数据表明机械化投入释出了较多的劳动力，对江苏省的玉米用工量分析表明，淮河流域玉米亩均劳动力在一些地方相对优势开始下降。

从玉米劳动力用工费折价看（图3-8），玉米的亩均用工费用均逐年增加，在2009—2012年年均增长率高达25%。全国平均水平上，1995年玉米亩均用工费约120元，到了2015年上升至447.17元。淮河流域四个省份的玉米亩均用工费用总体低于全国水平，但江苏省的玉米亩均用工折价在2015年高出全国平均水平。对玉米亩均用工费用分析表明，1995—2015年农业劳动力成本增长迅速，20年间，玉米亩均用工费用增加三倍以上。

虽然种植玉米亩均所需的劳动力因机械化的推广而减少，但劳动力的投入成本却不断上升。1997—1999年是玉米亩均投工量和亩均投工折价同时下降的时间区间，表明在早期，减少劳动力投入可以直接导致劳动力成本的降低，但2005年开始，劳动力成本上升的趋势明显，与劳动力数量的减少形成鲜明的对比。

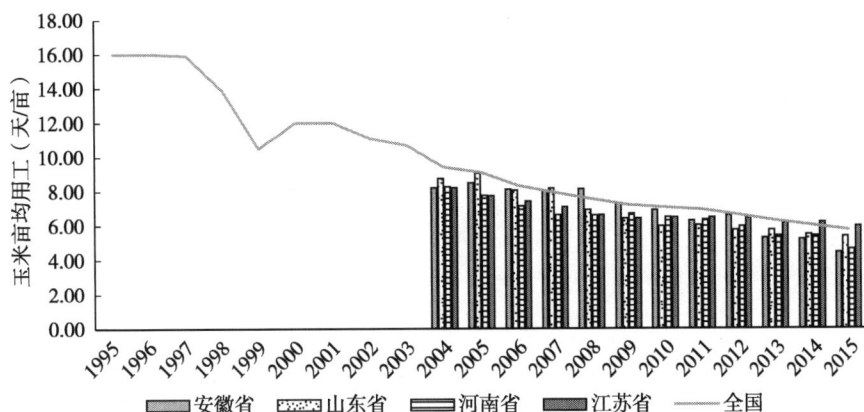

图 3-7 1995—2015 年全国及 2004—2015 年淮河流域
四省玉米亩均年用工量

数据来源：全国农产品成本收益资料汇编（2000 年、2010 年、2016 年）。

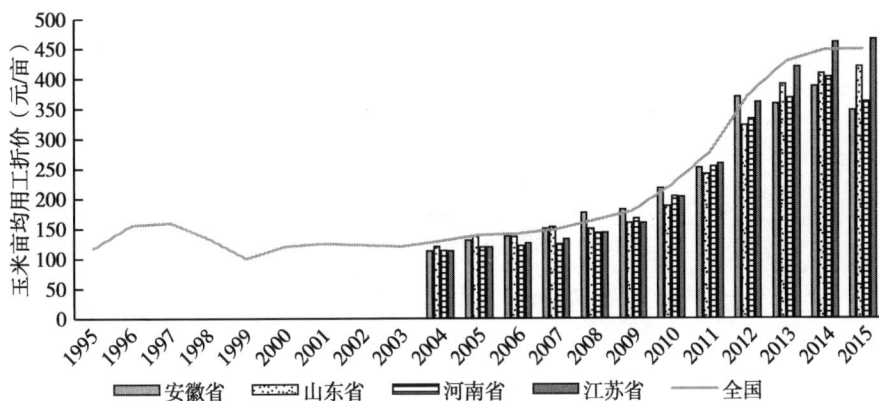

图 3-8 1995—2015 年全国及 2004—2015 年淮河流域
四省玉米亩均年用工费折价

数据来源：全国农产品成本收益资料汇编（2000 年、2010 年、2016 年）。

从 1995—2015 年间区域人均收入差距来看，淮河流域低于全国平均水平（图 3-9），其发展趋势与全国的差距在缩小：从 1995 年与全国平均水平差距 36% 到 2015 年的 14%。1995—2015 年间淮河流域区域人均收入差距在 2 209.22 元到 33 390.52 元之间，增长了 14.11%。淮河流域城镇居民与农村居民人均收入之差呈现上升趋势，与全国增长趋势相似。数据表明，淮河流域农村劳动力面临的外出务工机会成本比全国低，但经济发展使外出务工的吸引力不断增强，淮河流域乡村劳动力机会成本增大。种植玉米亩均所需的劳动力减少，机械化的普及节省了劳动力的投入，但与此同时，淮河流域乡村劳动力务农的机会成本却在增大。农业劳动力的减少和劳动力成本上的增加问题，将随着时间推移进一步凸显。综上，淮河流域种植结构调整面临劳动力数量减少、农业装备和技术替代人工劳动力有待进一步升级等问题。

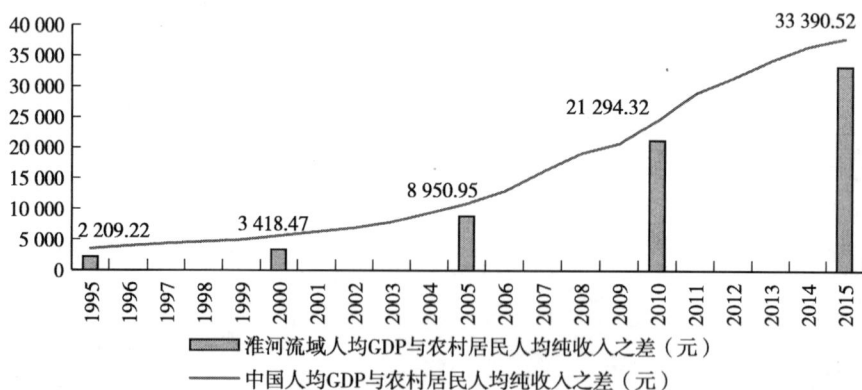

图 3-9  1995—2015 年淮河流域和全国城镇居民与农村居民人均收入之差

对农村固定观察点亩均劳动力因素的实证分析参数结果显示，在 2005 年，亩均劳动力每增加 1%，玉米播种面积将平均增加约 4%；到 2016 年却出现亩均劳动力数量每减少 1%，玉米面积平均大约增加 4%（表 3-7）。亩均劳动力的投入增加与玉米面积的增加负相关。这与对淮河流域数据的分析结果一致表明，机械化普及促进玉米种植面积的增加。

表 3-7  亩均劳动力数参数估计

| Year | Coefficient | Min | Max | Rang | StdError | VIF |
|------|-------------|-----|-----|------|----------|-----|
| 1995 | 0.134 | −1.386 | 2.982 | 4.368 | 1.767 | 3.789 |
| 2005 | 3.991 | 3.209 | 4.633 | 1.424 | 0.589 | 1.631 |
| 2015 | −1.453 | −1.756 | −1.231 | 0.525 | 0.533 | 4.652 |
| 2016 | −4.070 | −5.798 | −1.836 | 3.962 | 1.866 | 2.523 |

工资性收入与家庭经营收入比影响因素方面,在 2005 年,工资性收入与家庭经营收入比每增加 1%,玉米播种面积平均减少约 1.8%;到 2016 年,工资性收入与家庭经营收入比每增加 1%,玉米播种面积则平均减少约 0.2%(表 3-8)。结果说明,随着农户家庭的工资性收入增加,玉米播种面积有减少的趋势;从绝对值来看,其影响程度在 2005 年最大,2015 年、2016 年都有所下降。

表 3-8　工资性收入与家庭经营收入比参数估计

| Year | Coefficient | Min | Max | Rang | StdError | VIF |
| --- | --- | --- | --- | --- | --- | --- |
| 1995 | −0.182 | −5.595 | 3.094 | 8.689 | 3.876 | 2.287 |
| 2005 | −1.823 | −2.530 | −0.852 | 1.678 | 0.778 | 5.298 |
| 2015 | −0.637 | −0.829 | −0.366 | 0.463 | 0.205 | 0.565 |
| 2016 | −0.232 | −0.264 | −0.177 | 0.087 | 0.034 | 1.698 |

## 3.2.5　技术与资本因素

主要从区域机械化投入和有效灌溉面积两个方面衡量农业技术和资本因素对玉米种植的影响。农业机械总动力指全部农业机械动力的额定功率之和,包括了用于种植业、畜牧业、渔业、农产品初加工、农用运输和农田基本建设等活动的机械及设备,对区域农业生产技术和专业化程度有较好的概括能力,可以从区域生产效率的层面上代表专业化生产效率。有效灌溉面积指的是灌溉工程设施基本配套,有一定水源、土地较平整,在一般年景下,当年可进行正常灌溉的耕地面积。耕地中条件较好的地一般优先配套有效灌溉设施的建设,能从生产的固定资本投入层面上代表区域专业化生产效率。预期两个指标对种植的驱动以正影响为主。

1995—2015 年间,淮河流域及全国的亩均农机总动力均呈现上升趋势,变化范围在 0.28~0.99 千瓦/亩之间,在所选的五个时间节点上,淮河流域亩均农业机械总动力分别高于全国平均水平 9%、43%、42%、37% 和 41%(图 3-10)。有效灌溉面积是反映耕地抗旱能力的一个重要指标，从有效灌溉面积来看，淮河流域及全国有效灌溉面积均呈现稳步上升趋势，变化范围在 834.3 万～1 279.6 万公顷之间。1995—2015 年间，全国有效灌溉面积增长了 33.67%，淮河流域增长了 53.38%。在五个时间节点上，淮河流域约占全国有效灌溉面积的 1/6 至 1/5。数据表明淮河流域相对全国平均水利建设投入更大、增长速度也较快。

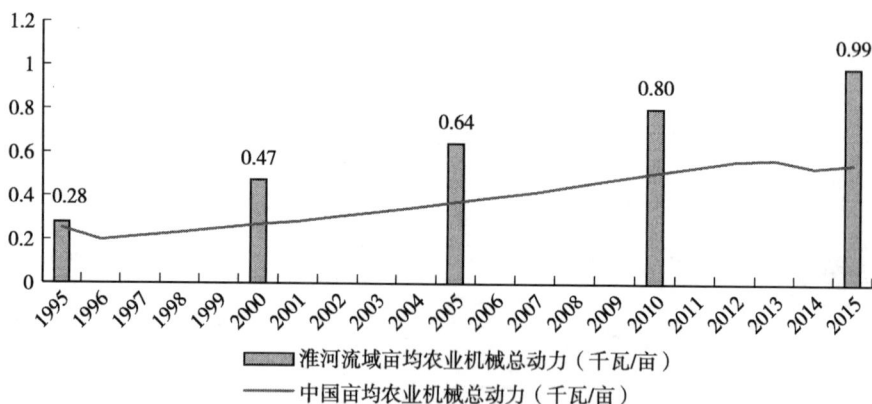

图 3-10　1995—2015 年淮河流域和全国农业机械化投入

资本与技术投入的提升能比较直接地反映在亩均生产能力的提升上。从玉米产量分析看，以 2005 年为转折，苏皖豫鲁四省的平均玉米产量被全国平均水平赶超，表明淮河流域玉米单位生产能力优势从 2005 年开始减弱。其主要原因是东北产区玉米亩均产量优势明显增强（图 3-11）。由于 2000—2015 年，玉米种植在淮河流域呈不断增加的趋势，结合资本技术因素中对产量的分析及经济效益因素中对玉米成本收益率的分析，可知在 2005 年之前，玉米产量不断增加的优势使玉米种植扩张；但 2005—2015 年，玉米的产量优势和种植收益优势均不是玉米种植扩张的原因。

对农村固定观察点区域有效灌溉面积因素的实证分析参数结果显示，区域有效灌溉面积系数对淮河流域玉米的影响由正转负，在 1995 年，区域有效灌溉面积每增加 1%，玉米种植将平均增加约

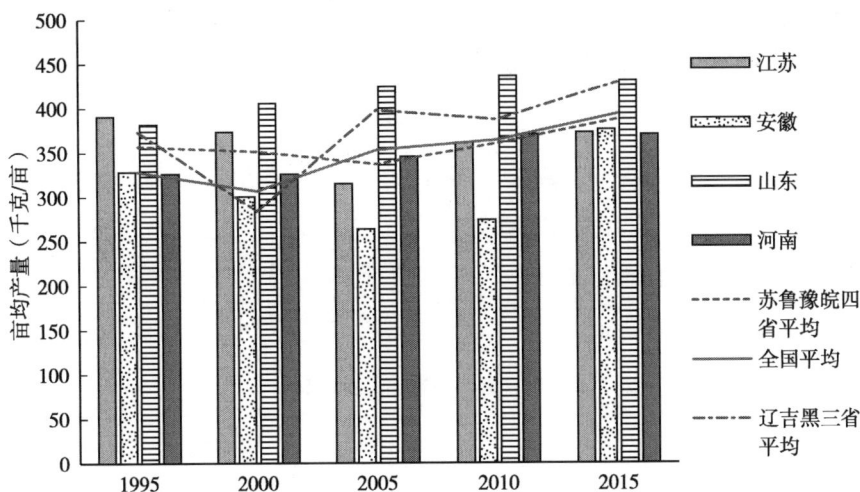

图 3 - 11　1995—2015 年苏鲁豫皖玉米亩产与全国及辽吉黑三省对比

数据来源：各省年度统计年鉴及中国农村统计年鉴。

0.3%；到 2016 年，区域有效灌溉面积每增加 1%，玉米面积反而会减少约 0.2%（表 3 - 9）。结果说明，2005 年、2015 年、2016 年灌溉条件与玉米播种面积都存在负相关，灌溉条件较好的区域可能普遍存在农户种植玉米减少的情况。将此因素的量化分析结果与气候因素中的降水因素进行比较可发现，玉米种植在村域层面上，体现了一定的适应干旱种植条件的趋势。

表 3 - 9　有效灌溉面积参数估计

| Year | Coefficient | Min | Max | Rang | StdError | VIF |
|---|---|---|---|---|---|---|
| 1995 | 0.349 | 0.130 | 0.497 | 0.367 | 0.160 | 6.820 |
| 2005 | −0.397 | −0.901 | −0.048 | 0.853 | 0.407 | 4.317 |
| 2015 | −0.269 | −0.341 | −0.204 | 0.137 | 0.508 | 4.019 |
| 2016 | −0.207 | −0.234 | −0.181 | 0.053 | 0.012 | 1.211 |

　　数据来源缺乏 1995 年机耕机播耕地面积，同时，考虑到 1995 年时淮河流域机械化水平较低，故未在 1995 年的统计模型中考虑机械化水平对农户玉米种植的影响。结果说明，机耕机播比例高与玉米播

种面积存在正相关。2005 年，机耕机播比例每增加 1%，玉米播种面积将平均增加约 0.3%；但在 2015 年，机耕机播的影响系数有所下降；2016 年，机耕机播比例每增加 1%，玉米播种面积则会相应增加约 0.3%（表 3 - 10）。机耕机播系数的变化规律并不显著，但从区域系数分布最小值、最大值和系数差异范围看，在 2016 年，机耕机播的区域内部差异下降到 0.116，说明机耕机播因素影响作用在淮河流域的区域差异有所缩小。

表 3 - 10　机耕机播比例参数估计

| Year | Coefficient | Min | Max | Rang | StdError | VIF |
|---|---|---|---|---|---|---|
| 2005 | 0.295 | 0.217 | 0.421 | 0.204 | 0.096 | 4.475 |
| 2015 | 0.223 | 0.017 | 0.518 | 0.501 | 0.241 | 3.322 |
| 2016 | 0.307 | 0.216 | 0.332 | 0.116 | 0.263 | 2.698 |

## 3.2.6　宏观背景因素

宏观背景主要指区域中潜在的对玉米种植变动产生影响的因素。为了能将宏观背景的影响量化，本研究将政策因素另外进行分析，主要从农村经济发展、区域非农产业发展和国际贸易带来三个方面衡量宏观背景因素对玉米种植的影响。选择区域人均 GDP、农村居民人均纯收入、大豆进口量及非农业产值占区域总产值比例等指标，代表农村经济发展进程和非农业产业发展进程。

1995—2015 年，淮河流域农民人均纯收入不断增加并保持高于全国平均水平（图 3 - 12），变化范围在 1 532～12 189 元/年。在五个时间节点上，淮河流域全国平均水平差距呈现先增加，后略有缩小的发展趋势，其差距分别是－3%、11%、6%、10%和 6%。从非农业产业发展情况来看，淮河流域非农业总产值比例增加（图 3 - 13），变化范围在 53.01%～87.06% 之间。其中 1995—2000 年间增长最快，5 年间增长 19.02 个百分点。淮河流域的非农业产值比例与全国平均水平的差距在缩小。对淮河流域农业收入和非农业产业发展的时间分析显示，淮河流域农民人均纯收入发展高于全国平均水平，这进一步表明淮河流域农业发展优于全国平均水平；但其非农产业一直落后于全国平均水平，在 2000 年后，虽然淮河流域非农产业保持发展，但速度放缓，缺乏动力。

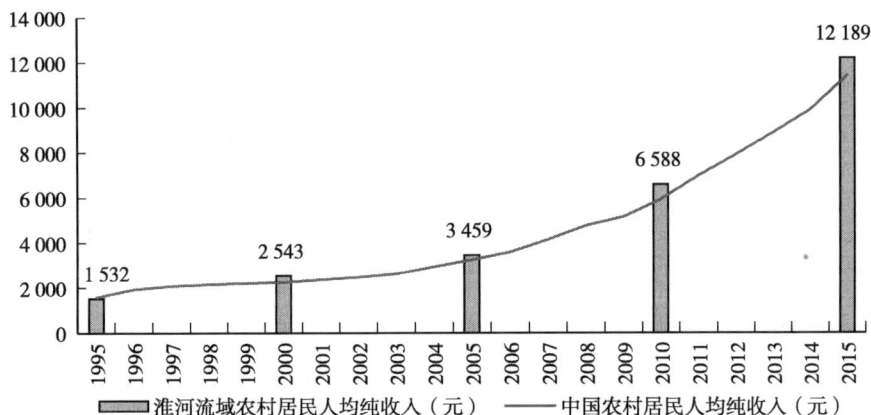

图 3-12　1995—2015 年淮河流域和全国农民人均纯收入变化

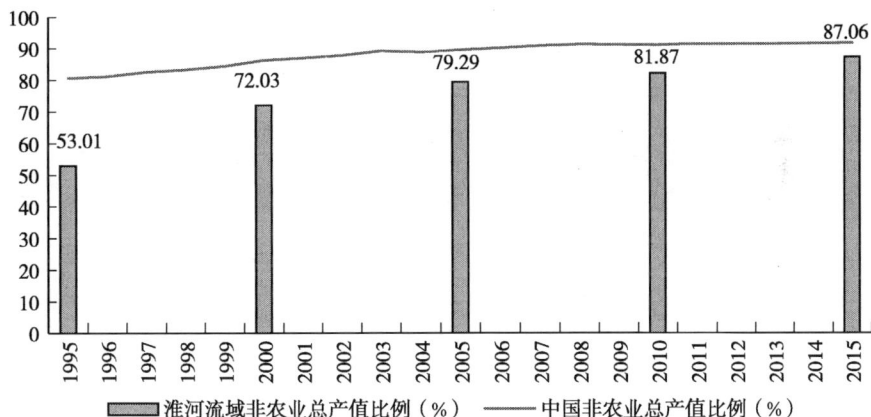

图 3-13　1995—2015 年淮河流域和全国非农业总产值比例变化

进口影响方面，作为淮河流域上与玉米同茬种植的代表性作物，大豆在 1995—2016 年的进口量呈现不断增加的趋势（图 3-14）：从 1995 年的 29.39 万吨，发展到 2015 年进口大豆共 8 169 万吨。增长率最高的是 1996 年、2000 年、2005 年，与前一年相比增长率分别达到 279%、141%、31%。而玉米进口量在 1998—2009 年较低，图中每隔 5 年标出了玉米进口量。2010—2012 年之间玉米的进口量增长迅速，2012 年达到 500 万吨，较 2009 年增长了 10 倍；2013 年和 2014 年，中国玉米进口回落，2015 年呈现一个回升的态势。1995—2015 年，由于政策保护，玉米国际进口对国内玉米产生的影响相对较小，大豆进口通过影响国内大豆供需，对淮河流域夏玉米种植产生间接影响。

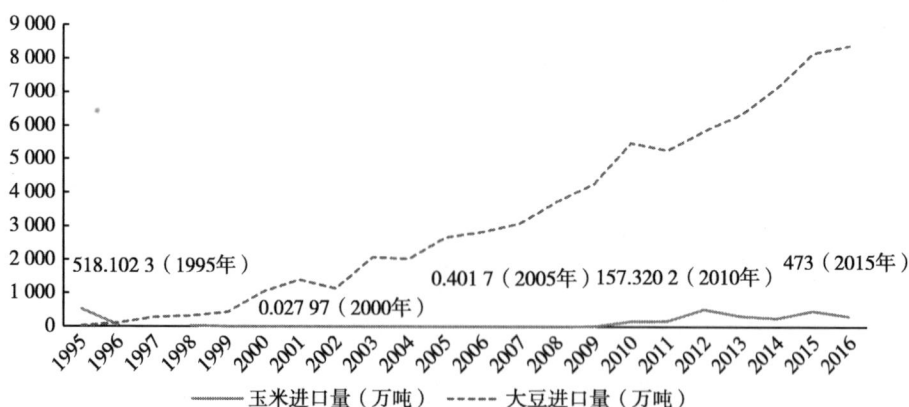

图 3-14　1995—2016 年中国大豆和玉米进口量

宏观背景因素分析表明，淮河流域农业发展优于全国平均水平，但非农产业较为落后，2000 年后虽然淮河流域的非农产业一直在发展，但发展乏力。非农产业的乏力发展制约农业劳动力向非农岗位的转移，且会反过来制约能促进农业进步的技术和科技因素及相关服务保障的发展，对玉米种植及其加工等产业发展产生影响。

对农村固定观察点区域人均 GDP 因素的实证分析参数结果显示，区域人均 GDP 系数对淮河流域玉米种植的影响由正转负，但绝对值不断减小。这表明区域人均 GDP 对玉米种植的影响逐渐下降。在 1995 年，区域人均 GDP 每增加 1%，玉米播种面积将平均增加约 0.8%；到 2016 年，区域人均 GDP 每增加 1%，玉米播种面积则平均减少约 0.8%（表 3-11）。从 2005 年、2015 年和 2016 年的结果来看，随着区域经济发展，农户逐渐不再种植玉米，而可能倾向于选择种植效益更高的经济作物。

表 3 - 11　区域人均 GDP 参数估计

| Year | Coefficient | Min | Max | Rang | StdError | VIF |
|------|-------------|--------|--------|-------|----------|-------|
| 1995 | 0.792 | 0.032 | 2.052 | 2.020 | 0.901 | 3.366 |
| 2005 | −0.583 | −0.995 | −0.312 | 0.683 | 0.314 | 4.770 |
| 2015 | −0.459 | −0.495 | −0.130 | 0.365 | 0.451 | 2.566 |
| 2016 | −0.792 | −0.989 | −0.720 | 0.269 | 0.108 | 1.236 |

## 3.2.7　政策因素

淮河流域作为我国夏玉米的主产区，担负着玉米生产安全的重要责任。良好的政策环境，是玉米产业开发顺利进行的重要保证。虽然缺乏建立模型的政策的相关数据，但通过总结分析发现，国家出台的农业支持政策，从生产优势区域引导、基层组织保障、耕地保护、种粮补贴等方面，均对玉米种植产生了深远的影响。

一是生产引导政策。2008 年 5 月农业部印发了《全国优势农产品区域布局规划（2008—2015 年）》，对北方、黄淮海和西南 3 个玉米生产优势区进行了布局，指出要"适当增加玉米储备，不断提高宏观调控能力"，在黄淮海玉米优势区（包括了淮河流域河南、山东、江苏、安徽淮河以北地区），应着力发展籽粒玉米，积极发展籽粒与青贮兼用和青贮专用玉米，适度发展鲜食玉米。

2008 年，安徽省启动了玉米振兴计划，决定每年建立 500 万亩核心屯示范区，连续实施数年，力争实现整体亩产水平达到 450 千克以上，突破 500 千克的目标。并在《全国优势农产品区域布局规划（2008—2015 年）》中，选择了 8 市 28 个重点县（市、区）作为玉米优势区；2017 年印发的《安徽省农业现代化推进规划（2016—2020 年）》提出到 2020 年玉米播种面积扩大到 1 300 万亩；推进玉米种植全程机械化。

江苏省"十三五"规划（2016—2020 年）明确提出支持粮食规模化产业基地建设。实施"藏粮于地、藏粮于技"战略，提升粮食综合产能，确保"供需平衡、口粮自给"；扩大食用、饲用玉米种植，提高玉米生物质产量和效益，引导"支持粮食生产经营主体发展玉米全程机械化生产及其配套的肥水精确运筹"。

山东省 2017 年印发了印发《山东省农业现代化规划（2016—2020 年)》，提出在草食畜禽生产的优势区域，合理确定"粮改饲"面积，积极推进全株玉米青贮种植，大力发展安全高效环保饲料产品，加快秸秆饲料商品化开发，建设具有山东特色的现代饲料工业体系；建设玉米商业化育种中心、在沿黄地区大力推广玉米大豆轮作，在山区丘陵地区推广玉米与杂粮作物轮作等措施，科学推进玉米产业的发展。

河南省调优玉米种植结构。坚持以加促养、以养带种，选择牛羊饲养基础好的县（市），开展粮改饲试点，依托牛羊产业化龙头企业，发展青贮玉米种植，推动牛羊饲养从籽粒饲喂向全株青贮饲喂适度转变。积极推广高赖氨酸玉米、高油玉米、高淀粉玉米等加工专用品种，依托玉米加工龙头企业，引导农民种植加工专用玉米；在豫西、豫西北丘陵旱作区开展适应性种植；在商丘、周口、南阳等大豆主产区，推广玉米大豆轮作、麦豆一年两熟或玉米大豆间作套种。支持重点粮食产业升级，加大玉米烘干设备等基础设施的补贴、建设玉米农业综合信息服务平台等。

淮河流域四省对玉米的结构性调整政策最早从 2008 年开始提出，着重点在玉米产量提升和粮食的稳产方面，结合本章对玉米种植的其他几个相关因素的分析可知，政策引导促使玉米种植在机械化推广、产量攻关方面取得长足成效，是促使玉米种植面积增加的重要原因；2015 年以后的政策，重点则在玉米生产方式的转变方面。对玉米的专项政策，对区域玉米种植结构调整、科学轮作、种养结合、粮食供给安全等方面起到了引导作用，在一定程度上鼓舞了农民种植玉米的积极性。

二是基层组织政策。我国社会主义市场经济的推行和家庭联产承包责任制成为农业生产的基本制度，为市场经济提供了重要保障。在具体的形式上，探索实施以镇带村、以村促镇的镇村融合发展模式，将小农户生产逐步融入区域性产业链和生产网络，鼓励有条件的农户在小城镇建设返乡创业园、创业孵化基地等，为农民就地创新创业提供了多元化、高质量的空间载体。通过地方的专项规划，提升农资农技服务、农产品交易等功能，合理配置集贸市场、物流集散地、农村电商平台等设施，创新基层农业生产服务方式，支持集体经济组织、供销合作社等面向从事粮棉油糖等大宗农产品生产的小农户开展托管服务，不断提升小城镇服务农户生产的功能。从调研情况看，淮河流域部分地区村民对村干部不作为等相关管理较不满意，对村民自治机构的决策信任度也不够高。特别是生产补助，部分地区扶持政策具体落实到农户利益的方式还存在一些问题，影响了农户的生产积极性。

三是耕地保护、建设政策。国家基本农田保护措施是耕地保护措施的细化，也是从政策上保护粮食种植户利益，并助益国家粮食安全的行为。从 1998 年新修的《基本农田保护条例》、2003 年国土资源部颁行《关于进一步采取措施落实严格保护耕地制度的通知》，到 2006 年国土资源部下发《关于当前进一步从严土地管理的紧急通知》和《关于加强土地控制有关问题的通知》等，逐步稳定完善土地政策，保持土地承包关系稳定并长久不变，衔接落实好第二轮土地承包到期后再延长三十年的政策。建立健全农村土地承包经营权登记制度，为小农户"确实权、颁铁证"。在有条件的村组，结合高标准农田建设等，引导农户自愿通过村组内互换并地、土地承包权退出等方式，促进土地小块并大块，引导逐步形成一户一块田；落实农村承包地所有权、承包权、经营权"三权"分置办法，保护小农户土地承包权益。对基本农田的保护体系基本确立，在淮河流域各地市的生产安排产生了较大影响。

　　四是种粮和绿色生产补贴政策。国家层面不断完善对玉米良种和玉米种植农机具的补贴。2006 年起，淮河流域各地市全面取消了农业税，2008—2015 年粮食补贴的规模明显加大，但由于化肥、农药及很多农用资料价格上涨，实际上削弱了补贴的效果，这在一定程度上影响了种粮农户的积极性。2015 年由中央政府启动农业"三项补贴"政策改革，其中，将种粮直补、农资综合补贴与良种补贴三项内容合并为农业支持保护补贴，旨在促进农业整体发展，促进耕地保护程度的提高和粮食种植规模的保障，整体实现粮食种植的适度经营与合理改善。2019 年国务院等部门颁布《关于促进小农户和现代农业发展有机衔接的意见》指出，除了稳定现有生产的普惠性补贴政策，创新补贴形式，提高补贴效率，还鼓励各地对小农户参与生态保护实行补偿，支持小农户参与耕地草原森林河流湖泊休养生息等，对发展绿色生态循环农业、保护农业资源环境的小农户给予合理补偿。调研访谈过程中，不少农户认为，政府的粮食补贴对象和范围不够明确，在补贴发放过程中环节众多，补贴资金分散不集中，导致落实到各项具体的补贴政策的资金不够。

　　2008—2015 年粮食补贴的大规模增加，对抵消种粮成本增加带来的成本收益率下降起到一定的作用。但数据分析也表明，农户种植玉米仍然面临亏本的窘境。随着我国农业发展、政策的调整以及在立法层面的完善，国家对主要粮食种植的支持和引导政策已经深入农民群体，成为影响农户生产行为选择的重要因素。反过来，玉米种植农户在生产过程中，也应结合国家对玉米的宏观调控政策进行生产的调整，增强自身经营能力。

## 3.3　本章小结

　　对淮河流域玉米种植时空变化进行了分析，淮河流域玉米种植呈现适应干旱的区域条件和规避高温的区域条件的趋势，并且主要分布在夏季降水适中的地区，而夏秋多涝地区分布较少。家庭经营耕地数量对区域玉米面积影响增强；玉米种植收入对玉米播种面积的影响作用也不断增强，与成本收益率逐渐下降出现了明显矛盾；机械化的普及使种植玉米亩均所需的劳动力减少，使得外出务工的劳动力增加，农村劳动力数量的减少及劳动力成本增高的问题，将随着时间推移进一步凸显。结果分析表明，1995—2005 年，玉米亩均投工成本的下降、机械化水平的提高和玉米在产量上的优势 3 个主要因素导致了玉米播种面积的增加；2005—2010 年，成本收益率的优势带动了玉米种植的快速增加；2010—2015 年，人工投入超过市场价格的影响，成为推动农户选择种植玉米的第一驱动力。

# 4 农户玉米种植意愿分析

作为国家粮食供给基础的主体，传统意义上的农民已经发生了巨大的变化。由于国内生产成本不断上升和国际粮价的影响，农户的种粮积极性受到极大削弱；经济社会结构的深刻变化，导致种粮主体的耕地利用方式、粮食种植预期、技术选择、资金来源、储粮、售粮等行为发生着极大的变化，这些转变，都对粮食供给安全和种粮主产区的可持续发展具有重要影响。在新形势下，迫切需要客观、深入、系统地分析种粮主体行为变化的原因，明确种粮行为对粮食安全的作用机理及其对现实和未来的影响，为调动种粮主体的积极性及调整、优化区域粮食政策提供依据。本章基于 2018 年对农户的问卷调查数据，采用交叉列联表的卡方检验分析方法，对农户玉米种植意愿的影响因素进行研究分析。

## 4.1 问卷代表性分析

受访农户的年龄分布、文化程度分布、耕地规模和主要种植作物的基本情况见图 4-1、图 4-2。

在收集到的 288 份问卷中，男受访者占 56%，女 44%，73% 受访者年龄范围 20～30 岁，14% 的受访者年龄范围 30～40 岁，87% 的受访者为家中青壮年劳动力。文化程度上，77% 为大学及以上学历。劳动力文化程度分布，主要为初中，占 41%，高中和大学及以上则分别占 27%、28%。受访农户主要以小麦-玉米两季种植为主（近50%），家庭土地经营规模，288 个样本家庭以 1～10 亩为主，占47%，10～50 亩的农户家庭占 32%，也有不种（0 亩）以及种植规模超过 50 亩的样本，分别约占 19%、2%。结合实地调研，本次问

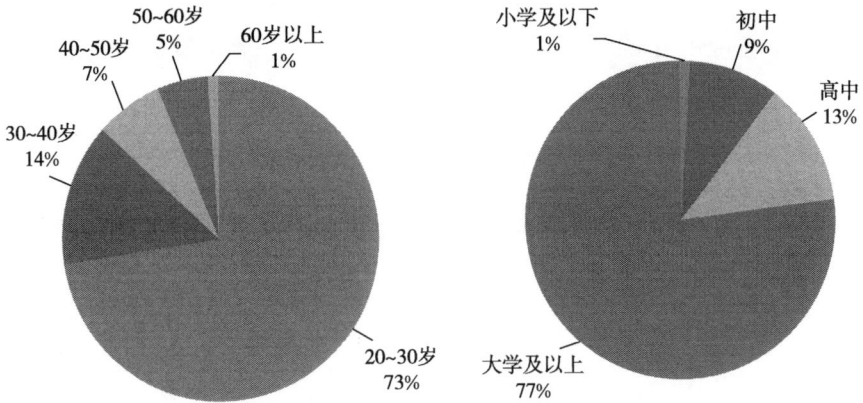

图 4-1　受访农户年龄（左）以及文化程度分布（右）

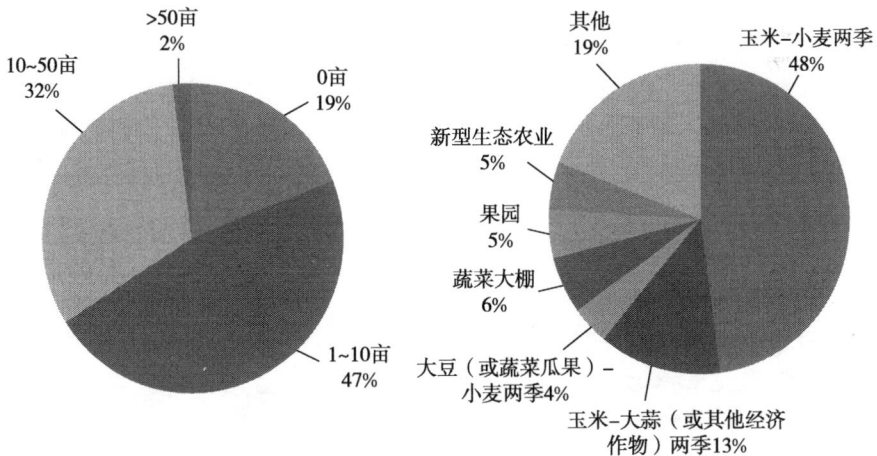

图 4-2　受访农户经营耕地规模（左）及主要种植作物分布（右）

卷收集到的农户土地经营规模，与现实观察到的情况较为接近。

　　根据表 4-1，进一步对不同年龄层次的劳动力分析：288 个样本家庭主要劳动力中 29.37％ 为 40～50 岁之间，28.48％ 为 50～60 岁之间，超过半数主要劳动力（57.85％）为 40～60 岁；对不同文化程度的劳动力分析：288 个样本家庭主要劳动力中 35.2％ 为初中水平，27.8％ 为大学及以上水平，正好半数（50％）的劳动力达到高中及以上文化程度。年轻劳动力（20～30 岁）的大学及以上文化程度比例最高，大龄劳动力（50～60 岁）的小学及以下文化程度比例最高；初中文化程度的在四个年龄段（青年、壮年、大龄、老龄）劳动力中占比都是最高。

表 4-1　家庭主要劳动力年龄与文化程度交叉表

| 主要劳动力的文化程度 / 家庭主要劳动力年龄 | | 小学及以下 | 初中 | 高中 | 大学及以上 | 总计数 |
|---|---|---|---|---|---|---|
| 20～30 岁 | 计数 | 9 | 23 | 20 | 48 | 100 |
| | 占本年龄段 | 9.00% | 23.00% | 20.00% | 48.00% | 100.00% |
| | 占本学历层次 | 13.64% | 14.65% | 20.20% | 38.71% | 22.42% |
| 30～40 岁 | 计数 | 4 | 20 | 15 | 20 | 59 |
| | 占本年龄段 | 6.80% | 33.90% | 25.40% | 33.90% | 100.00% |
| | 占本学历层次 | 6.06% | 12.74% | 15.15% | 16.13% | 13.23% |
| 40～50 岁 | 计数 | 18 | 54 | 32 | 27 | 131 |
| | 占本年龄段 | 13.70% | 41.20% | 24.40% | 20.60% | 100.00% |
| | 占本学历层次 | 27.27% | 34.39% | 32.32% | 21.77% | 29.37% |
| 50～60 岁 | 计数 | 26 | 48 | 27 | 26 | 127 |
| | 占本年龄段 | 20.50% | 37.80% | 21.30% | 20.50% | 100.00% |
| | 占本学历层次 | 39.39% | 30.57% | 27.27% | 20.97% | 28.48% |
| 60 岁以上 | 计数 | 9 | 12 | 5 | 3 | 29 |
| | 占本年龄段 | 31.00% | 41.40% | 17.20% | 10.30% | 10.00% |
| | 占本学历层次 | 13.64% | 7.64% | 5.05% | 2.42% | 6.50% |
| 总计数 | 计数 | 66 | 157 | 99 | 124 | 446 |
| | 占本年龄段 | 14.80% | 35.20% | 22.20% | 27.80% | 100.00% |
| | 占本学历层次 | 100.00% | 100.00% | 100.00% | 100.00% | 100.00% |

288 个样本反映了淮河流域一般农户家庭劳动力大致情况。主要劳动力为大龄劳动力，但年轻劳动力也开始进入社会工作；大部分主要劳动力初中文化水平比例高，只有年轻劳动力学历普遍较高，结果反映了在淮河流域，教育事业在 20～30 岁这一代年轻人中普及度得到划时代的提升；教育的重要性逐渐得到群众的认可，符合实地调查以及现实观察情况，具有较好的代表性。

## 4.2　经营意向的影响分析

### 4.2.1　看待未来土地利用方式差异

　　根据图4-3，288个样本中最高比例是认为"土地一定会流转"（54%），最少受访者选择"土地将被国家收回，统一经营"（7%）；根据表4-2，未来不会经营农业的受访者有58.62%"认为土地一定会流转"，其次为"土地将被合作社承包"（24.71%）。选择未来会经营农业的、看待未来土地利用方式中比例最高和次高的，同样是"土地一定会流转"的选项（47.37%）和"土地将被合作社承包"（36.84%）。比较有意思的是，选择"不会"经营农业的受访者，有较强烈的倾向认为"土地会被国家收回"和"土地一定会流转"。这反映了那些并不偏向于经营农业的受访者认为：土地流转、规模化生产和科学管理，是未来农业经营发展的方向；一家一户分散的小个体经营农业没有竞争力。

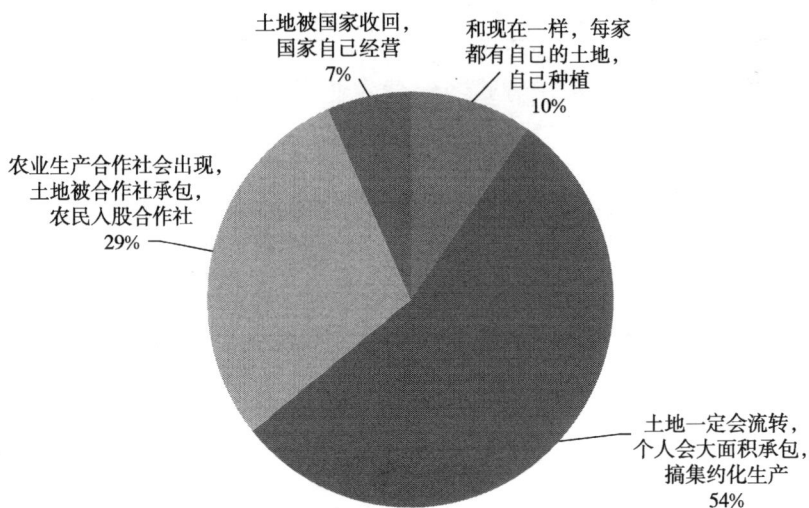

图4-3　受访农户看待未来土地利用方式分布

表 4-2　未来土地利用方式与经营农业意向交叉表

| 看待未来土地利用方式 | 会否选择经营农业 | 会 | 不会 | 总计数 |
|---|---|---|---|---|
| 和现在一样 | 计数 | 13 | 15 | 28 |
|  | 占本看法 | 46.43% | 53.57% | 100.00% |
|  | 占会否经营农业 | 11.40% | 8.62% | 9.72% |
| 土地一定会流转 | 计数 | 54 | 102 | 156 |
|  | 占本看法 | 34.62% | 65.38% | 100.00% |
|  | 占会否经营农业 | 47.37% | 58.62% | 54.17% |
| 土地被合作社承包, 农民入股分红 | 计数 | 42 | 43 | 85 |
|  | 占本看法 | 49.41% | 50.59% | 100.00% |
|  | 占会否经营农业 | 36.84% | 24.71% | 29.51% |
| 土地被国家收回, 国家自己经营 | 计数 | 5 | 14 | 19 |
|  | 占本看法 | 26.32% | 73.68% | 100.00% |
|  | 占会否经营农业 | 4.39% | 8.05% | 6.60% |
| 总计数 | 计数 | 114 | 174 | 288 |
|  | 占本看法 | 39.58% | 60.42% | 100.00% |
|  | 占会否经营农业 | 100.00% | 100.00% | 100.00% |

对看待未来土地利用方式与经营农业意向的相关性进行交叉表方差检验，结果如表：

表 4-3　未来土地利用方式与经营农业意向交叉表卡方检验

| 检验项 | 值 | 自由度 | 渐进显著性（双侧） |
|---|---|---|---|
| 皮尔逊卡方 | 6.990* | 3 | 0.072 |
| 似然比（L） | 7.013 | 3 | 0.071 |
| 有效个案数 | 288 | — | — |

注：* 0 个单元格（0.0%）的期望计数小于 5。最小期望计数为 7.52。

表 4-3 检验的零假设为"不同土地利用方式对农业发展前景的看法是一致的"。如果显著性水平设为 0.05，由于卡方概率渐进

显著性 P 值 0.072 小于 0.10，因此拒绝零假设，90％以上的概率可以认为不同的土地利用方式与农户未来是否选择经营农业的看法相关。

另，脚注 a 表明，该检验中期望频数小于 5 的单元格个数为 0，最小期望频数为 7.52，适合做卡方检验。表中还给出了似然比卡方，样本数较大时，似然比卡方与 Pearson 卡方非常接近，检验结论通常一致。以下分析相同，不再重复。

### 4.2.2  耕地的区位分布差异

根据调研，将淮河流域耕地区位的分布分为农村丘陵山区地带、农村河流湖泊地带、交通便利的道路附近以及城郊边缘四种区位，并把区位的选择作为双选题。结果显示，受访者耕地以交通便利的道路附近为主，占约 121％，丘陵山区地带占 93％，河流湖泊附近占 65％，城郊边缘占 59％（图 4-4）。

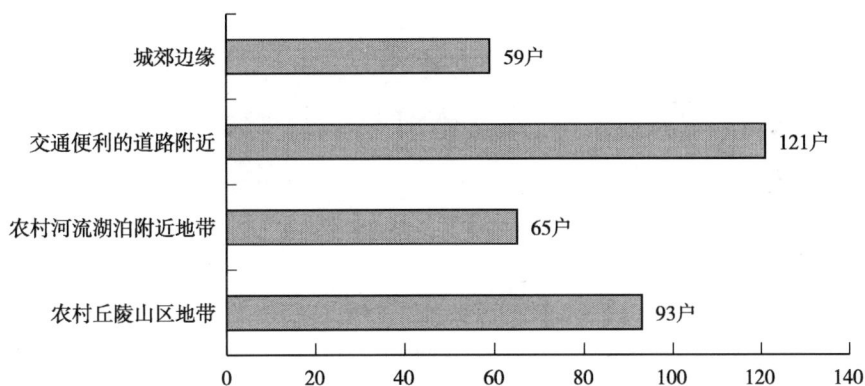

图 4-4  受访农户耕地区位分布频数（双选题）

288 名受访者中，60.42％选择未来不经营农业，69.49％为现有耕地位于城郊边缘的受访对象，其次为河流湖泊地带和丘陵山区地带的受访对象，均超 60％的比例选择不再经营农业；选择未来会经营农业的耕地区位最高的是交通便利的道路附近，约 46.72％，其次为农村丘陵山区地带，占 36.56％（表 4-4）。

表 4 - 4　家庭现有耕地区位与经营农业意向交叉表

| 现有耕地区位 | 会否选择经营农业 | 会 | 不会 | 总计 |
|---|---|---|---|---|
| 农村丘陵山区地带 | 计数 | 34 | 59 | 93 |
| | 占本区位 | 36.56% | 63.44% | 100.00% |
| | 占会否经营农业 | 29.82% | 33.91% | 32.29% |
| 农村河流湖泊附近地带 | 计数 | 22 | 44 | 66 |
| | 占本区位 | 33.33% | 66.67% | 100.00% |
| | 占会否经营农业 | 19.30% | 25.29% | 22.92% |
| 交通便利的道路附近 | 计数 | 57 | 65 | 122 |
| | 占本区位 | 46.72% | 53.28% | 100.00% |
| | 占会否经营农业 | 50.00% | 37.36% | 42.36% |
| 城郊边缘 | 计数 | 18 | 41 | 59 |
| | 占本区位 | 30.51% | 69.49% | 100.00% |
| | 占会否经营农业 | 15.79% | 23.56% | 20.49% |
| 总计数 | 计数 | 114 | 174 | 288 |
| | 占本区位 | 39.58% | 60.42% | 100.00% |
| | 占会否经营农业 | 100.00% | 100.00% | 100.00% |

对样本耕地区位与农业发展意向的相关性进行交叉表方差检验，结果如表：

表 4 - 5　家庭现有耕地区位与经营农业意向交叉表卡方检验

| 检验项 | 值 | 自由度 | 渐进显著性（双侧） |
|---|---|---|---|
| 皮尔逊卡方 | 9.779[a] | 3 | 0.021 |
| 似然比（L） | 10.52 | 3 | 0.015 |
| 有效个案数 | 288 | — | — |

注：a.0 个单元格（0.0%）的期望计数小于 5。最小期望计数为 10.33。

表中期望频数小于 5 的单元格个数为 0，最小期望频数为 10.33，适合做卡方检验。P 值小于 0.05，拒绝零假设，95% 以上的概率认为不同耕地区位与农户未来是否选择经营农业的看法相关。

## 4.2.3 农户对未来农业发展的前景评估差异

根据表4-6，42%的受访者认为农业的发展前景一般；认为农业发展前景会比第二第三产业好的农户所占比例最低，约11%。受访者中的60%不会经营农业，对应了受访者对农业经营前景的看法不乐观的态度。有意思的是"认为农业的发展前景甚至会超越第二第三产业"的农户中，选择"不会"经营农业的比例（53.13%）仍然高于"会"经营农业的比例（46.88%）。这表明，即使十分看好农业发展前景的人，也未必会选择发展农业。这是由于具有发展农业的实力和资金的农户，对农业存在的风险有相当深刻的认识；而对农业发展满怀希望的农户，却不一定有相应的发展实力。

表4-6 农业发展前景与经营农业意向交叉表

| 看待未来农业前景 | 会否选择经营农业 | 会 | 不会 | 总计 |
|---|---|---|---|---|
| 发展前景一般 | 计数 | 28 | 93 | 121 |
| | 占本区位 | 23.14% | 76.86% | 100.00% |
| | 占会否经营农业 | 24.56% | 53.45% | 42.01% |
| 发展前景较好 | 计数 | 28 | 38 | 66 |
| | 占本区位 | 42.42% | 57.58% | 100.00% |
| | 占会否经营农业 | 24.56% | 21.84% | 22.92% |
| 发展前景非常好 | 计数 | 43 | 26 | 69 |
| | 占本区位 | 62.32% | 37.68% | 100.00% |
| | 占会否经营农业 | 37.72% | 14.94% | 23.96% |
| 发展前景超越第二第三产业 | 计数 | 15 | 17 | 32 |
| | 占本区位 | 46.88% | 53.13% | 100.00% |
| | 占会否经营农业 | 13.16% | 9.77% | 11.11% |
| 总计数 | 计数 | 114 | 174 | 288 |
| | 占本区位 | 39.58% | 60.42% | 100.00% |
| | 占会否经营农业 | 100.00% | 100.00% | 100.00% |

对农业发展前景与未来会否经营农业的意向相关性进行交叉表方差检验，结果如表 4-7：

**表 4-7　农业发展前景与经营农业意向交叉表卡方检验**

| 检验项 | 值 | 自由度 | 渐进显著性（双侧） |
|---|---|---|---|
| 皮尔逊卡方 | 29.527* | 3 | 0.000 |
| 似然比（L） | 30.113 | 3 | 0.000 |
| 有效个案数 | 288 | — | — |

注：＊0 个单元格（0.0%）的期望计数小于 5。最小期望计数为 12.67。

表中期望频数小于 5 的单元格个数为 0，最小期望频数为 12.67，适合做卡方检验。$P$ 值小于 0.01，因此拒绝零假设，有 99% 的概率可以认为对不同农业发展前景的看法，与农户在未来会否会经营农业相关。

## 4.3　出资方式的影响分析

图 4-5 给出了受访农户在规模经营的资金来源的选择分布，四种出资方式中，"自己出一部分＋贷款"的出资方式选择的比例最高，占 44.8%；村民股份制第二位，占 28.8%；完全自己出资的比例最

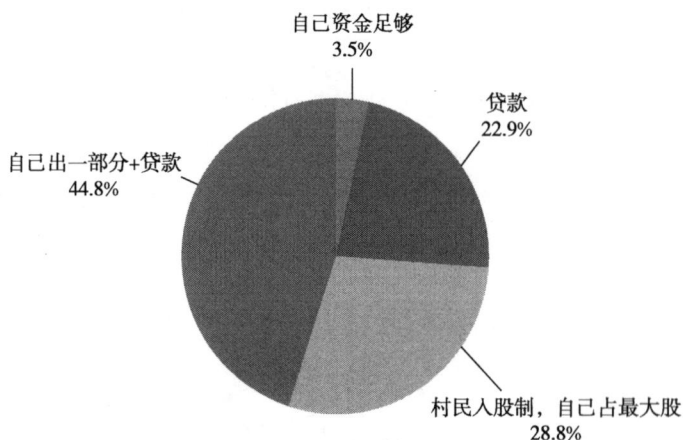

图 4-5　规模经营的资金来源选择分布

低，仅 3.5％。这反映了受访者普遍认同经营农业需要具有一定的资金实力。

　　从农户对土地利用方式预估的差异来看（表 4-8），有 95％以上的概率可以认为看待未来土地利用方式，与农户经营资金来源相关（表 4-9）。认为未来土地利用方式将和现在一样，一家一户经营的受访者，比较显著倾向于选择"贷款"（39.3％）、"自己出一部分＋贷款"（35.7％）两种方式；认为土地一定会流转的受访者，则显著倾向"自己出一部分＋贷款"（53.8％）的资金来源方式；认为土地将被合作社承包，农民以入股方式加入的受访者，倾向于"村民股份制"（41.2％）的方式；认为土地将被国家收回统一经营的受访者，也最倾向于选择"村民股份制"（47.4％）的资金来源方式。从经营

表 4-8　未来土地利用方式与经营资金来源交叉表

| 看待未来土地利用方式 | 规模经营农业的资金来源 | 自己资金足够 | 贷款 | 村民股份制，自己占最大股 | 自己出一部分＋贷款 | 总计数 |
|---|---|---|---|---|---|---|
| 和现在一样 | 计数 | 1 | 11 | 6 | 10 | 28 |
|  | 占本看法 | 3.60％ | 39.30％ | 21.40％ | 35.70％ | 100.00％ |
|  | 占资金来源 | 10.00％ | 16.70％ | 7.20％ | 7.80％ | 9.70％ |
| 土地一定会流转 | 计数 | 6 | 33 | 33 | 84 | 156 |
|  | 占本看法 | 3.80％ | 21.20％ | 21.20％ | 53.80％ | 100.00％ |
|  | 占资金来源 | 60.00％ | 50.00％ | 39.80％ | 65.10％ | 54.20％ |
| 土地被合作社承包，农民入股分红 | 计数 | 2 | 19 | 35 | 29 | 85 |
|  | 占本看法 | 2.40％ | 22.40％ | 41.20％ | 34.10％ | 100.00％ |
|  | 占资金来源 | 20.00％ | 28.80％ | 42.20％ | 22.50％ | 29.50％ |
| 土地被国家收回，国家自己经营 | 计数 | 1 | 3 | 9 | 6 | 19 |
|  | 占本看法 | 5.30％ | 15.80％ | 47.40％ | 31.60％ | 100.00％ |
|  | 占资金来源 | 10.00％ | 4.50％ | 10.80％ | 4.70％ | 6.60％ |
| 总计数 | 计数 | 10 | 66 | 83 | 129 | 288 |
|  | 占本看法 | 3.50％ | 22.90％ | 28.80％ | 44.80％ | 100.00％ |
|  | 占资金来源 | 100.00％ | 100.00％ | 100.00％ | 100.00％ | 100.00％ |

农业的不同资金来源来看，觉得自己资金足够、选择贷款经营农业，或是自己出一部分资金＋贷款的受访者，都较显著地倾向于认为"土地一定会流转"（分别占该资金来源项的 60%、50%、65.1%）；可见土地流转的良好环境对有意经营农业的新型主体有重要的意义。在选择村民入股参与分红，自己占最大股份的出资方式中，"土地会被合作社承包"（42.2%）的土地经营方式被认可程度最高，其次才是"土地一定会流转"（39.8%）。

受访者普遍认为，经营农业的资金单靠自己是不足的，必须借助贷款、村民入股等方式。结果表明，资金量可能是制约规模经营的最重要因素。认同合作社的方式的受访者，与认同村民股份制这种出资方式的认同度一致性较高，即与农民合作社的土地经营方式最"匹配"的出资方式是村民股份制。

表 4-9　未来土地利用方式与经营资金来源交叉表卡方检验

| 检验项 | 值 | 自由度 | 渐进显著性（双侧） |
|---|---|---|---|
| 皮尔逊卡方 | 21.221* | 9 | 0.012 |
| 似然比（L） | 20.328 | 9 | 0.016 |
| 有效个案数 | 288 | — | — |

注：* 4 个单元格（25.0%）的期望计数小于 5。最小期望计数为 0.66。

是否需要政策支持的态度，反映了经营收益和农民抵御风险的能力。因此，进一步对规模经营资金来源、流转土地进行经营的区位作交叉表卡方分析，根据经营资金来源的选择推断受访者对经营风险和门槛的评估程度。

认为选择"自己资金足够"表明受访者认为经营门槛、风险较低；选择"贷款"表明受访者认为经营门槛和风险不算太高，以农户家庭为单位，当中的风险可以适当承受；选择"村民股份制"可能反映了受访者认为经营风险较大、所需土地或者劳动力难以"个人解决"，但是可以借助集体的力量，共担风险；选择"自己出一部分＋贷款"表明受访者认为需要一人把握决策权，经营风险较高，没有一定实力就不存在进一步贷款经营的可能。

　　经计算，经营资金来源与在河流湖泊地带流转土地经营方式、在交通便利地带流转土地的经营方式和在城郊附近流转土地的经营方式，均通过显著性水平为 0.05 的卡方检验，但是存在 25% 的单元格期望个数小于 5 而使卡方统计量容易出现的趋势，对这四个情况采用似然卡方检验进行信度修正。有 95% 以上的概率可以认为"在河流湖泊地带的经营方向，与农户经营资金来源相关"（表 4－10）；有 95% 以上的概率可以认为"在交通便利地带的经营方向，与农户经营资金来源相关"（表 4－11）；有 99% 以上的概率可以认为"在城郊附近的经营方向，与农户经营资金来源相关"（表 4－12）。

表 4－10　在河流湖泊地带经营方向与规模经营资金来源交叉表卡方检验

| 检验项 | 值 | 自由度 | 渐进显著性（双侧） |
| --- | --- | --- | --- |
| 皮尔逊卡方 | 27.712* | 9 | 0.001 |
| 似然比（L） | 19.743 | 9 | 0.020 |
| 有效个案数 | 288 | —— | —— |

注：* 4 个单元格（25.0%）的期望计数小于 5。最小期望计数为 1.22。

表 4－11　交通便利地带经营方向与经营资金来源交叉表卡方检验

| 检验项 | 值 | 自由度 | 渐进显著性（双侧） |
| --- | --- | --- | --- |
| 皮尔逊卡方 | 22.821* | 9 | 0.007 |
| 似然比（L） | 20.655 | 9 | 0.014 |
| 有效个案数 | 288 | —— | —— |

注：* 4 个单元格（25.0%）的期望计数小于 5。最小期望计数为 1.15。

表 4－12　城郊地带经营方向与经营资金来源交叉表卡方检验

| 检验项 | 值 | 自由度 | 渐进显著性（双侧） |
| --- | --- | --- | --- |
| 皮尔逊卡方 | 25.455* | 9 | 0.003 |
| 似然比（L） | 22.612 | 9 | 0.007 |
| 有效个案数 | 288 | —— | —— |

注：* 4 个单元格（25.0%）的期望计数小于 5。最小期望计数为 1.25。

三种不同区位下，不同经营方向与不同出资方式的关系分析结果如下：

一是在河流湖泊地带，选择种植玉米的受访对象选择"自己的资金足够"的比例显著比其他资金来源方式高，体现了受访者认为种植玉米在四种经营方式中成本相对较低。对于选择种植果树的受访者而言，"贷款""村民入股"以及"自己出一部分＋贷款"三种资金来源方式的比例差异不大，甚至与"自己资金足够"的差异，相对于其他经营方式也是最小的。结果反映了受访者认为在河流湖泊附近地带种植果树的门槛和风险程度，较种植蔬菜和经营生态园要相对低一些（表4－13）。

表4－13 在河流湖泊地带选择经营方向与经营资金来源交叉表

| 在河流湖泊地带选择的经营方式 | 规模经营农业的资金来源 | 自己资金足够 | 贷款 | 村民股份制，自己占最大股 | 自己出一部分＋贷款 | 总计数 |
|---|---|---|---|---|---|---|
| 种植玉米 | 计数 | 6 | 8 | 12 | 9 | 35 |
| | 占本经营方式 | 17.10% | 22.90% | 34.30% | 25.70% | 100.00% |
| | 占资金来源 | 60.00% | 12.10% | 14.50% | 7.00% | 12.20% |
| 种植蔬菜 | 计数 | 1 | 14 | 24 | 31 | 70 |
| | 占本经营方式 | 1.40% | 20.00% | 34.30% | 44.30% | 100.00% |
| | 占资金来源 | 10.00% | 21.20% | 28.90% | 24.00% | 24.30% |
| 种植果树 | 计数 | 2 | 24 | 25 | 43 | 94 |
| | 占本经营方式 | 2.10% | 25.50% | 26.60% | 45.70% | 100.00% |
| | 占资金来源 | 20.00% | 36.40% | 30.10% | 33.30% | 32.60% |
| 经营生态园 | 计数 | 1 | 20 | 22 | 46 | 89 |
| | 占本经营方式 | 1.10% | 22.50% | 24.70% | 51.70% | 100.00% |
| | 占资金来源 | 10.00% | 30.30% | 26.50% | 35.70% | 30.90% |
| 总计数 | 计数 | 10 | 66 | 83 | 129 | 288 |
| | 占本经营方式 | 3.50% | 22.90% | 28.80% | 44.80% | 100.00% |
| | 占资金来源 | 100.00% | 100.00% | 100.00% | 100.00% | 100.00% |

二是在交通便利地带附近，种植蔬菜在资金来源上的差异上，相

对其他经营方式小，在"贷款""村民入股"和"自己出一部分＋贷款"三种方式中，占比分别为 34%、28%、34%，因此，对受访者而言，在交通便地带附近选择种植蔬菜的门槛和风险较种植果树和经营生态园相比更低（表 4 - 14）。

表 4 - 14  在交通便利地带选择经营方向与经营资金来源交叉表

| 在河流湖泊地带选择的经营方式 | 规模经营农业的资金来源 | 自己资金足够 | 贷款 | 村民股份制，自己占最大股 | 自己出一部分＋贷款 | 总计数 |
|---|---|---|---|---|---|---|
| 种植玉米 | 计数 | 4 | 7 | 14 | 8 | 33 |
| | 占本经营方式 | 12.10% | 21.20% | 42.40% | 24.20% | 100.00% |
| | 占资金来源 | 40.00% | 10.60% | 16.90% | 6.20% | 11.50% |
| 种植蔬菜 | 计数 | 2 | 17 | 14 | 17 | 50 |
| | 占本经营方式 | 4.00% | 34.00% | 28.00% | 34.00% | 100.00% |
| | 占资金来源 | 20.00% | 25.80% | 16.90% | 13.20% | 17.40% |
| 种植果树 | 计数 | 3 | 28 | 32 | 55 | 118 |
| | 占本经营方式 | 2.50% | 23.70% | 27.10% | 46.60% | 100.00% |
| | 占资金来源 | 30.00% | 42.40% | 38.60% | 42.60% | 41.00% |
| 经营生态园 | 计数 | 1 | 14 | 23 | 49 | 87 |
| | 占本经营方式 | 1.10% | 16.10% | 26.40% | 56.30% | 100.00% |
| | 占资金来源 | 10.00% | 21.20% | 27.70% | 38.00% | 30.20% |
| 总计数 | 计数 | 10 | 66 | 83 | 129 | 288 |
| | 占本经营方式 | 3.50% | 22.90% | 28.80% | 44.80% | 100.00% |
| | 占资金来源 | 100.00% | 100.00% | 100.00% | 100.00% | 100.00% |

三是在城郊附近地带，觉得"自己资金足够"的受访者中，50%倾向于选择种植玉米，明显高于这种出资方式在四种经营方向中的平均比例 3.5%；而选择剩下三种出资方式的受访者，都有明显较高的比例选择经营生态园（分别占三种出资方式的 37.9%、37.3%、48.8%）。因此，在城郊附近地带如果经济条件不允许，农户只能选择种玉米，但是假如出资条件允许，即能通过贷款、村民入股等方式筹资，农户均倾向于选择在城郊附近经营生态园（表 4 - 15）。

表 4 - 15　在城郊地带选择经营方向与经营资金来源交叉表

| 在河流湖泊地带选择的经营方式 | 规模经营农业的资金来源 | 自己资金足够 | 贷款 | 村民股份制，自己占最大股 | 自己出一部分＋贷款 | 总计数 |
|---|---|---|---|---|---|---|
| 种植玉米 | 计数 | 5 | 9 | 14 | 8 | 36 |
| | 占本经营方式 | 13.90％ | 25.00％ | 38.90％ | 22.20％ | 100.00％ |
| | 占资金来源 | 50.00％ | 13.60％ | 16.90％ | 6.20％ | 12.50％ |
| 种植蔬菜 | 计数 | 3 | 9 | 15 | 25 | 52 |
| | 占本经营方式 | 5.80％ | 17.30％ | 28.80％ | 48.10％ | 100.00％ |
| | 占资金来源 | 30.00％ | 13.60％ | 18.10％ | 19.40％ | 18.10％ |
| 种植果树 | 计数 | 1 | 23 | 23 | 33 | 80 |
| | 占本经营方式 | 1.30％ | 28.80％ | 28.80％ | 41.30％ | 100.00％ |
| | 占资金来源 | 10.00％ | 34.80％ | 27.70％ | 25.60％ | 27.80％ |
| 经营生态园 | 计数 | 1 | 25 | 31 | 63 | 120 |
| | 占本经营方式 | 0.80％ | 20.80％ | 25.80％ | 52.50％ | 100.00％ |
| | 占资金来源 | 10.00％ | 37.90％ | 37.30％ | 48.80％ | 41.70％ |
| 总计数 | 计数 | 10 | 66 | 83 | 129 | 288 |
| | 占本经营方式 | 3.50％ | 22.90％ | 28.80％ | 44.80％ | 100.00％ |
| | 占资金来源 | 100.00％ | 100.00％ | 100.00％ | 100.00％ | 100.00％ |

## 4.4　经营方向的影响分析

　　进一步对城郊附近地带经营方式与农户未来是否会经营农业进行分析（表 4 - 16），对不同经营意向分析：未来会经营农业的受访者有 50.9％选择经营生态园，其次为种植果树（23.7％）。选择未来不会经营农业的经营方向中比例最高和次高的，同样是经营生态园（35.6％）和种植果树（30.5％）。特别是，选择不经营农业的受访者，对经营生态园、种植果树，或者种植蔬菜间的差异，比选择会经营的受访者小。结果表明，不偏向于经营农业的受访者认为不同经营方向之间的差异不大；而在未来会经营、会发展农业的人眼中，不同经营、发展农业的方式收入前景存在显著差异。同时，相对于其他区位，城郊附近地带的经营意愿，显著与其未来的经营方向选择相关，可知未来城郊附近的农业经营方向和土地利用方式将发生最显著的变化（表4-17）。

表4-16　城郊附近地带经营方式与经营农业意向交叉表

| 在城郊附近地带经营方式 | 会否选择经营农业 | 会 | 不会 | 总计数 |
|---|---|---|---|---|
| 种植玉米 | 计数 | 13 | 23 | 36 |
| | 占本经营方式 | 36.10% | 63.90% | 100.00% |
| | 占会否经营农业 | 11.40% | 13.20% | 12.50% |
| 种植蔬菜 | 计数 | 16 | 36 | 52 |
| | 占本经营方式 | 30.80% | 69.20% | 100.00% |
| | 占会否经营农业 | 14.00% | 20.70% | 18.10% |
| 种植果树 | 计数 | 27 | 53 | 80 |
| | 占本经营方式 | 33.80% | 66.30% | 100.00% |
| | 占会否经营农业 | 23.70% | 30.50% | 27.80% |
| 经营生态园 | 计数 | 58 | 62 | 120 |
| | 占本经营方式 | 48.30% | 51.70% | 100.00% |
| | 占会否经营农业 | 50.90% | 35.60% | 41.70% |
| 总计数 | 计数 | 114 | 174 | 288 |
| | 占本经营方式 | 39.60% | 60.40% | 100.00% |
| | 占会否经营农业 | 100.00% | 100.00% | 100.00% |

表4-17　城郊附近地带经营方式与经营农业意向交叉表卡方检验

| 检验项 | 值 | 自由度 | 渐进显著性（双侧） |
|---|---|---|---|
| 皮尔逊卡方 | 6.851* | 3 | 0.077 |
| 似然比（L） | 6.856 | 3 | 0.077 |
| 有效个案数 | 288 | — | |

注：* 0 个单元格（0.0%）的期望计数小于 5。最小期望计数为 14.25。

据调研，288 名受访农户主要种植玉米-小麦两季的比例为 48%，玉米-经济作物两季比例占 13%，经营新型生态农业、蔬菜大棚、果

园等其他作物的农户分别占 5%、6%、5%（图 4-2 右图）。图 4-6
进一步给出了四种投资建设发展农业的经营方式及其在四种地貌地形
和区位条件下，受访者对种植方式的选择分布。

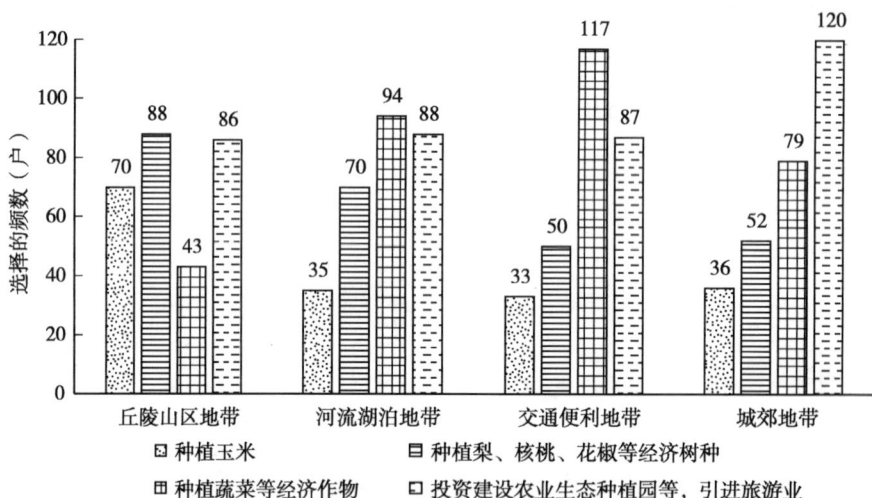

图 4-6  不同经营方向在四种地貌地形和区位下的选择分布

据分析，耕地区位显著影响农户未来会否经营农业，而选择未来
会经营农业的耕地区位最高的是交通便利的道路附近的占 46.72%，
其次为农村丘陵山区地带，占 36.56%（表 4-4），因此，先看交通
便利地带的农户选择：种植蔬菜等经济作物占比最高，其次为引进旅
游业以投资建设农业生态种植园。城郊地带和河流湖泊地带中，选择
这两种经营方式的受访者也高于另外两种经营方向。丘陵山区地带，
选择种植经济树种的最多，引进旅游业、投资建设农业生态种植园的
方向则紧随其后。结果表明，四种区位中种植玉米的意愿在丘陵山区
地带是相对最高的；新型生态农业、蔬菜大棚、果园三种经营方向，
会根据不同的区位有较显著的增多。其中，引进旅游业投资建设农业
生态种植园的经营方向受认可的程度最高。根据这种发展趋势判断，
在地势平坦，交通发达，靠近水源的地区，玉米播种面积可能会大量
减少。

## 4.5　补贴政策的影响分析

　　问卷中涉及政策方面有 3 个问题，一是如果国家出台政策要求保证玉米的种植面积，你认为是否需要有种植补贴，93％的受访者认为"需要"。二是关于土地流转后，受访者是否认为国家会出台政策严格保证玉米的安全种植面积。认为"可能会"的最多，占 47％，认为"一定会"的受访者占 41％，认为"不会"的占 12％（图 4 - 7）。对这两个问题回应的分布表明，受访者认为玉米的种植虽然重要，但补贴政策仍然具有很大的不确定性。三是关于玉米亩均政策补贴金额，36％的受访者认为 500 元/亩的补贴合适，27％认为 1 000 元/亩合适，18％认为应该高于 1 500 元/亩，14％认为应该补贴 300 元/亩，认为应该补贴 1 500 元/亩的比例最低，不到 5％。

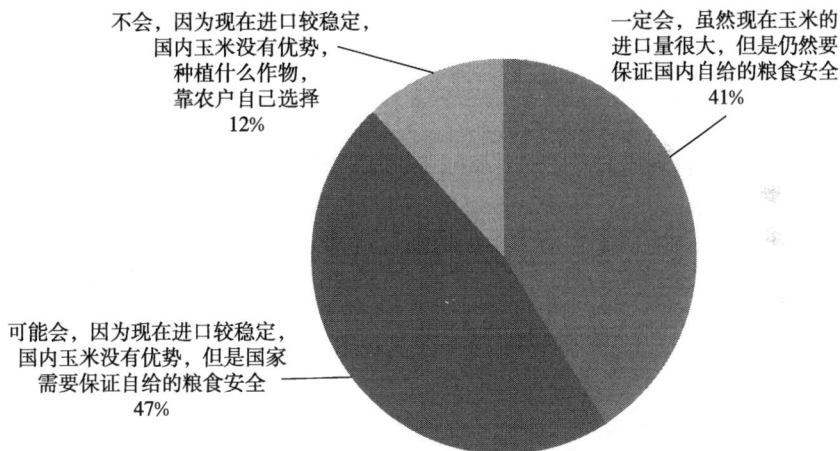

图 4 - 7　受访农户对国家是否出台玉米生产保障政策看法分布

　　上文分析未来城郊附近的农业经营方向和土地利用方式将发生最显著的变化，因此，进一步对城郊附近地带经营方式与农户看待国家会否出台玉米种植补助政策进行交叉分析。

　　卡方检验证明，对于丘陵、湖泊、交通便利附近三种区位进行流转土地进行经营的受访者在看待国家是否出台玉米政策上的看法差异并不显著；但是，可在 95% 以上的置信水平下相信，在城郊附近地带，选择不同经营方向的受访者在玉米政策补贴依赖度之间存在差异（表 4-18）。

根据表 4-19，大多数受访者（41%＋47.2%＝88.2%）认为未来国家会出台政策对玉米进行种植补助，做到有效保障玉米的战略供

表 4-18　城郊附近地带经营方式与看待国家玉米政策交叉表卡方检验

| 检验项 | 值 | 自由度 | 渐进显著性（双侧） |
|---|---|---|---|
| 皮尔逊卡方 | 16.595* | 6 | 0.011 |
| 似然比（L） | 17.587 | 6 | 0.007 |
| 有效个案数 | 288 | — | — |

注：* 1个单元格（8.3%）的期望计数小于 5。最小期望计数为 4.25。

表 4-19　城郊附近地带经营方式与看待国家玉米政策交叉表

| 在城郊附近地带经营方式 | | 会否选择经营农业 | | | |
|---|---|---|---|---|---|
| | | 一定会 | 可能会 | 不会 | 总计数 |
| 种植玉米 | 计数 | 22 | 11 | 3 | 36 |
| | 占本经营方式 | 61.10% | 30.60% | 8.30% | 100.00% |
| | 占看待会否出台玉米保障政策 | 18.60% | 8.10% | 8.80% | 12.50% |
| 种植蔬菜 | 计数 | 21 | 29 | 2 | 52 |
| | 占本经营方式 | 40.40% | 55.80% | 3.80% | 100.00% |
| | 占看待会否出台玉米保障政策 | 17.80% | 21.30% | 5.90% | 18.10% |
| 种植果树 | 计数 | 23 | 46 | 11 | 80 |
| | 占本经营方式 | 28.80% | 57.50% | 13.80% | 100.00% |
| | 占看待会否出台玉米保障政策 | 19.50% | 33.80% | 32.40% | 27.80% |
| 经营生态园 | 计数 | 52 | 50 | 18 | 120 |
| | 占本经营方式 | 43.30% | 41.70% | 15.00% | 100.00% |
| | 占看待会否出台玉米保障政策 | 44.10% | 36.80% | 52.90% | 41.70% |
| 总计数 | 计数 | 118 | 136 | 34 | 288 |
| | 占本经营方式 | 41.00% | 47.20% | 11.80% | 100.00% |
| | 占看待会否出台玉米保障政策 | 100.00% | 100.00% | 100.00% | 100.00% |

给；288 个样本中认为未来玉米"可能会"有政策补助的比例最高
（47.2%），而最少受访者选择的是"不会"（11.8%）；认为"一定会
有补助"的受访者有 44.1% 选择经营生态园，选择种植果树、蔬菜、
玉米的比例差异不大。选择"可能会"有政策补助的受访者中选择比
例最高和次高的，同样是经营生态园（36.8%）和种植蔬菜
（21.3%）。可以发现，虽然选择种植玉米的受访者，认为一定会或可
能会出台补贴政策的比例（61.1%＋30.6%＝91.7%）虽然已经很
高，但仍然比选择种植蔬菜的受访者看得略低（40.4%＋55.8%＝
96.2%）。因此推测，玉米种植的政策补贴虽然可以提高玉米种植意
愿，但是在城郊附近地带，即使对玉米种植实施补贴，受访者也可能
会有较高的种植蔬菜的倾向。

　　图 4-8 进一步给出了在"国家没有强制性玉米种植政策，但是
有较好的玉米种植补贴"的情境下，对受访者选择经营方式的分布。
在较好的政策补贴下，50% 受访者选择种植玉米，种植蔬菜等经济作
物比例最低。结果表明，对有意规模种植的农户，政策补贴能起到减
少经营风险的作用，使利益导向明显，但也很偏向规避风险的规模种
植户选择种植玉米。因此，为保障玉米战略供给，合适的政策补贴才
能起到较显著的引导作用。

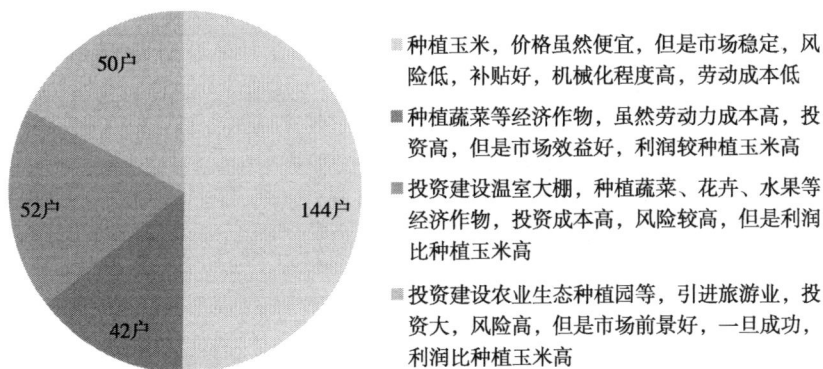

图 4-8　四种投资建设发展农业的经营方式在
玉米补贴政策较好的条件下选择分布

## 4.6　本章小结

采用交叉列联表卡方检验方法，分析了 288 名受访者对未来种植玉米的意愿，并且探究了耕地区位、资金来源和玉米政策补贴必要性间可能存在的相关关系。结果表明：

（1）耕地区位、未来农业发展前景及未来土地利用方式均与农户未来是否经营农业存在显著的相关关系。农户普遍认同土地流转、规模化种植及科学的农业经营管理，是未来农业的发展方向；在交通便利地带、河湖附近地带、丘陵山区地带、城郊地带四种区位中，城郊附近的农户离农倾向最明显；随着规模经营的发展，经营农业存在的风险显著增加，培育新型经营主体，必须注重增强新型经营主体的抗风险能力。

（2）土地利用方式、耕地区位与农户进行规模经营的资金来源存在显著的相关关系。农户普遍认为，经营农业的资金单靠自己是不足的，必须借助贷款、村民股份制等方式筹资；土地流转的良好环境对新型农业经营主体有重要意义；而资金量可能是现阶段制约规模经营的最重要因素。倾向于以合作社方式经营的农户主要倾向于股份制的出资方式；城郊附近地带的农户则显著倾向于以贷款和村民入股分红两种出资方式进行土地经营，他们经营的主要方向是新型生态园。

（3）在城郊附近地带，选择未来不经营农业的农户，认为不同经营方向之间的差异不大，而在选择经营农业的受访者眼中，不同的农业经营方式收入前景存在显著差异。因此，城郊附近地带的农业经营方向和土地利用方式将发生显著的变化，且发展方向将存在多样化趋势。不同区位中，丘陵山区地带种植玉米的意愿最高；在其他三种区位上，农户更倾向于选择新型生态农业、蔬菜大棚、果园这三种土地经营方式。

（4）在交通便利地带、河湖附近地带和丘陵山区地带，玉米种植补贴对农户种植玉米的倾向影响不显著；但是在城郊附近地带实施玉米种植补贴与受访者玉米种植意愿呈显著相关关系。特别是对规模化种植的农户而言，较好的政策补贴能起到减少经营风险的作用，能显著增加规模化种植户的玉米种植意愿。

# 5 农户玉米种植系统动力机制分析

许多因素可以通过机制驱动事件发生变化，因素、机制、变化三者之间环环相扣，缺一不可（Mario，1997；苏若林，唐世平，2012）；对因素进行定量分析，为定性研究、定性预测提供更加精准的参考数据，使预测更加具有精确性、科学性、客观性（吴芳，2013）。基于前两章对农户玉米种植影响因素和农户玉米种植意愿的分析，本章以淮河流域典型的粮食轮作制度冬小麦-夏玉米/大豆种植为例，构建以家庭收入结构为主要驱动的农户玉米种植决策系统动力学模型，建立起关键因素、机制和变化三者的关系，对淮河流域农户玉米播种面积变动机制进行拟合和现实趋势比较。

## 5.1 划定系统边界

划定系统边界的基本原则是尽可能地把与农户玉米种植相关的影响因素纳入模型，保证系统边界是封闭的并假设系统内的自然生产条件稳定。

种植作物限定在小麦-夏玉米/大豆三种作物的轮作系统。

空间边界：淮河流域 35 个地级市。

农户的边界：淮河流域玉米种植农户。

收入概念的边界：农户收入来源为种植业收入和非务农收入，指农户家庭的可支配收入，不包括固定资产。

价格波动的边界：为使模型更具真实性，玉米等粮食价格和亩均产量采用随机函数在一定的范围内产生；基于实地调研的进行时间及模拟预测期之内可能存在通货膨胀的考虑，模型的价格以 2017 年价格为基准。

基于 SD 模型的特点，模拟时间越长越能体现模型的稳定性和预测效果，但基于政策变化和实际情况，将模拟时间过度拉长将失去现实意义。为平衡模型的预测效果和实际意义，模拟时长确定为10年。

## 5.2 确定指标

对淮河流域农户玉米种植驱动因素分析研究表明，"亩均劳动力数"有显著影响；随着农业生产分工的精细化运作，种植规模、技术投入、劳动力投入等因素对玉米种植影响的加强，玉米种植的决策也更显著地以家庭总收入的综合效益作为衡量目标。在土地资源稀缺的条件下，农户通常根据相对比值而非绝对值做出农作物播种面积决策（张明扬 等，2014）。因此本研究系统动力学模型的变量选择上，重点体现农户种植业投入产出和工资性收入对玉米种植带来的决策影响，和以粮食作物播种面积的变化为系统水平变量的思路。辅助变量则围绕玉米种植按照其延续过去趋势和重要程度设定数量关系。结合实地调研和因素分析，选择了38个变量作为模型变量（表5-1）。

表 5-1 淮河流域农户玉米种植系统动力学模型变量

| 类型 | 变量（单位） | | | |
|---|---|---|---|---|
| 水平变量<br>（2） | 新增玉米面积（亩） | 大豆播种面积（亩） | | |
| 辅助变量<br>（26） | 转入土地面积（亩） | 小麦播种面积（亩） | 新增大豆面积（亩） | 转出土地面积（亩） |
| | 小麦纯收入（元/户） | 种植业纯收入（元/户） | 土地转入倾向 | 农业收入影响指数 |
| | 玉米亩均成本（元/亩） | 玉米亩均纯收入（元/亩） | 玉米纯收入（元/户） | 非农收入影响指数 |
| | 大豆亩均成本（元/亩） | 大豆亩均纯收入（元/亩） | 大豆纯收入（元/户） | 大豆进口影响指数 |
| | 玉米规模指数 | 务农依赖指数 | 大豆规模指数 | 非劳动力影响指数 |
| | 外出务工收入（元/年） | 外出务工时间（天/年） | 务农投入指数 | 土地经营限制指数 |
| | 玉米播种面积（亩） | 粮食播种面积（亩） | | |
| 随机变量<br>（4） | 玉米亩均产量（千克/亩） | 大豆亩均产量（千克/亩） | 玉米价格（元/千克） | 大豆价格（元/千克） |
| 常数变量<br>（6） | 进口大豆量（万吨/年） | | 土地流转发展指数 | |
| | 外出务工平均日工资（元/天） | | 政策补贴规模种植玉米（元/亩） | |
| | 家庭非劳动力人数（人/户） | | 政策补贴规模种植大豆（元/亩） | |

模型以农户家庭作为模拟单位，38个变量说明如下：

水平变量（2个）——

①新增玉米面积（亩/户）：等于转入土地面积减去新增大豆面积。农户当年决定新增加种植玉米的面积。

②大豆播种面积（亩/户）：等于新增大豆面积减去转出土地面积。农户当年决定种植大豆的面积。随着不同的新增大豆播种面积和转出土地面积变化而变化。

辅助变量（26个）——

①转入土地面积（亩/户）：农户根据种植业收入决定扩大经营规模，转入土地的面积。

②小麦播种面积（亩/户）：农户当年用于种植小麦的面积。等于当年大豆玉米播种面积相加。

③新增大豆面积（亩/户）：农户根据大豆亩均纯收入决定当年要种植大豆的面积。根据调研反映的情况，设置取值范围在 0～2 000 亩。

④转出土地面积（亩/户）：农户根据自身家庭对务农的依赖指数决定流转出的土地面积。

⑤小麦纯收入（元/户）：根据统计年鉴数据与调研期间反映的情况，小麦的收入比较稳定，因此设置种植小麦的亩均纯收入为300元，农户的小麦纯收入与当年小麦播种面积有关。模型涉及价格的指标均以 2017 年的价格为基准。

⑥种植业纯收入（元/户）：农户种植业收入指小麦纯收入、玉米纯收入、大豆纯收入。

⑦土地转入倾向：农户转入土地的意愿强度。基于调研，不同类型的农户对土地转入倾向不同。土地转入倾向指标直接受种植业纯收入的影响和当地土地流转发展情况影响，根据历史数据和调研反映的影响设置对应影响的程度。

⑧玉米规模指数：模型中的"规模指数"专指单户农户因扩种玉

米获得的规模效应。玉米播种面积越大，规模指数越高，亩均种植成本越低，根据历史数据和调研反映的影响设置玉米规模指数对应影响的程度。

⑨玉米亩均成本（元/亩）：亩均玉米种植的所有支出成本（包括种子费、人工费、机收机播费用、化肥费、农药费）。延续以往趋势，取值范围在800～1 000元。

⑩玉米亩均纯收入（元/亩）：亩均玉米收入减去亩均成本后的纯收入。

⑪玉米纯收入（元/户）：销售玉米的总收入。

⑫大豆规模指数：模型中的"规模指数"专指单户农户因扩种大豆获得的规模效应。大豆播种面积越大，规模指数越高；规模指数越高，亩均种植成本越低，根据历史数据和调研反映的影响设置大豆规模指数对应影响的程度。

⑬大豆亩均成本（元/亩）：亩均大豆种植的所有支出成本（包括种子费、人工费、机收机播费用、化肥费、农药费）。延续过去趋势，取值范围在550～600元。

⑭大豆亩均纯收入（元/亩）：亩均大豆收入减去亩均成本后的纯收入。

⑮大豆纯收入（元/户）：销售大豆的总收入。

⑯大豆进口影响指数：大豆进口量对大豆价格的影响指标，根据历史数据和调研反映的影响设置大豆进口影响指数对应影响的程度。

⑰农业收入影响指数：反映种植业纯收入对务农依赖指数的影响。根据历史数据和调研反映的影响设置农业收入影响指数：农业收入小于500元，证明该农户家庭对农业依赖处于原始的阶段，依赖农产品，经营土地很少。农业收入介于500～2 000元，农户家庭对农业依赖处于初级阶段，既依赖农产品也依赖部分农产品的销售收入，经营土地较少。农业收入介于2 000～5 000元，农户家庭对农业依赖

处于中级阶段，主要依赖农产品销售和经济作物增加收入，经营土地较前两种情况更集约，家庭生计型农户（见第六章）多集中在这种类型。农业收入 5 000～10 000 元，农户家庭土地较多，可能是代管亲戚朋友不种的地，但农业收入往往只占 60%～70%，其他家庭成员会有一定的非农业收入，但本类型较上一种情况的农户重视农业收入。农业收入 10 000 元以上，所经营的土地大多为转包。农业收入超过 50 万元，为专业农户，可能是承包土地超过 1 000 亩，或是经营设施农业，也可能兼而有之，他们主营农业，农业收入接近总收入的 100%。

⑱务农依赖指数：反映对农业的依赖程度；同时受三个方面的影响。第一方面是种植业纯收入；第二方面是家庭非劳动力人数；第三方面是外出务工收入。根据历史数据和调研反映的影响设置务农依赖指数对应影响的程度。

⑲非农业收入影响指数：反映非农业收入对务农依赖程度的影响，根据历史数据和调研反映的影响设置非农业收入指数影响对应影响的程度。

⑳非劳动力影响指数：反映农户家庭中非劳动力人数对务农依赖程度的影响。根据调研，妇女留在家照顾小孩（或老人）是留在家务农的重要因素之一，根据历史数据和调研反映的影响设置非劳动力影响指数对应影响的程度。

㉑外出务工收入（元/户）：农户家庭外出务工收入，由外出务工平均日工资和外出务工时间决定。

㉒外出务工时间（天/户）：农户家庭外出务工成员外出务工天数加总。

㉓务农投入指数：反映种植业收入增加值；经营面积越大，对农业的投入程度越高，根据历史数据和调研反映的影响设置务农投入指数对应影响的程度。

㉔土地经营限制指数：随着经营面积的扩大，限制农户家庭转入

土地倾向。根据历史数据和调研反映的影响设置土地经营限制指数对应影响的程度。

㉕玉米播种面积（亩/户）：农户当年决定种植玉米的面积，受新增玉米面积直接影响。

㉖耕地面积（亩/户）：农户原有可耕地总面积。随着不同类型的农户类型将进行该指标的调整。

随机变量（4个）——

①玉米亩均产量（千克/亩）：由随机函数产生，延续以往趋势，取值范围为400～550千克/亩，平均值为420千克/亩，标准差为5，初始值为475千克/亩。

②大豆亩均产量（千克/亩）：由随机函数产生，延续以往趋势，取值范围为100～170千克/亩，平均值为140千克/亩，标准差为10，初始值为140千克/亩。根据调研，大豆亩均产量的差异高于玉米，因此设置标准差比玉米大。

③玉米价格（元/千克）：由随机函数产生，延续以往趋势，取值范围为1.5～2.4元/千克，平均值为2元/千克，标准差为0.1，初始值为1.7元/千克。

④大豆价格（元/千克）：由随机函数产生，延续以往趋势，取值范围为3～4元/千克，平均值为3.5元/千克，标准差为0.1，初始值为3.5元/千克。价格范围取值根据中国统计年鉴近10年的统计数据和调研数据设置。

常数变量（6个）——

①外出务工收入日工资（元/天）：初始值设置为120元/天。根据调研反映的情况，延续过去趋势设置取值范围80～200元/天之间。

②家庭非劳动力人数（人/户）：指上学的孩子和70岁以上老人，据调研情况，取值范围0～5个。

③进口大豆冲击：进口大豆数量，根据统计年鉴，延续以往趋

势，取值范围 0～8 000 万吨。

④土地流转发展指数：反映土地流转发展程度。如平原地区的土地流转发展指数设定将高于山区；交通便利或城镇化发展较快的地区该指标设置更高以适应实际情况的模拟，根据历史数据和调研反映的影响设置土地流转发展指数对应影响的大致程度。

⑤政策补贴玉米（元/亩）：政策对规模种植玉米的亩均补贴，影响玉米亩均纯收入。初始值为 0。

⑥政策补贴大豆（元/亩）：政策对规模种植大豆的亩均补贴，影响大豆亩均纯收入。初始值为 0。

## 5.3 系统反馈路径

系统性质和行为取决于系统中存在相连的反馈回路，系统的结构主要就是系统中反馈回路的结构。多重反馈回路存在相互促进或制约的作用，在不同时期表现出不同的主导程度。例如当耕地面积增加时，小麦播种面积增加，可选择播种玉米的面积也随之增加，则种植业纯收入增加，种植业纯收入的增加促进转入土地的意愿，形成使耕地继续增加的正反馈。而耕地面积增加使农户外出务工时间减少，外出务工收入随之减少，农户家庭的务农依赖指数提升，转出土地意愿下降，使整体的土地流转发展水平下降，不利于耕地面积的扩大，为负反馈。

图 5-1 给出收入因素对农户玉米播种面积的影响反馈路径：种植业的收入将受家庭全年经营作物的总收入以及务工收入的影响，如果种植业收入增多，农户的土地转入倾向将增大（具体受到情境设置对其经营能力的限制）；如果转入了新的土地，又将对第二年经营的粮食面积产生影响，农户基于新的经营面积大小决定是否新增玉米的种植面积。

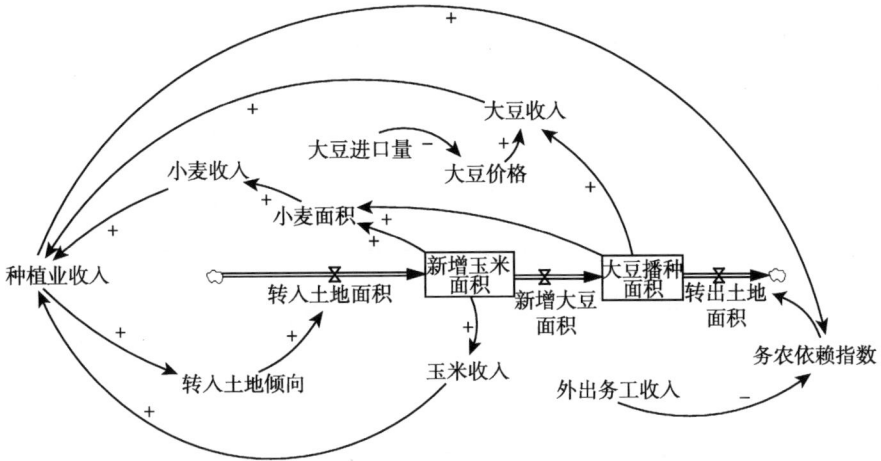

图 5-1  影响农户玉米播种面积变化的收入因素

图 5-2 给出技术因素对农户玉米播种面积的影响反馈路径：种植玉米的技术以及资本投入将受玉米播种面积及其对应的规模指数的影响，如果玉米播种面积增多，农户的玉米种植规模指数将增大（但是不能无限增长，具体受到情境设置对不同规模下规模指数的限制）。如果规模指数在合适的范围内，将对玉米亩均种植成本下降产生积极的影响，成本的下降影响种植业纯收入，从而影响农户整个家庭的土地转入倾向，农户基于新的经营面积大小，决定是否调整玉米播种面积。

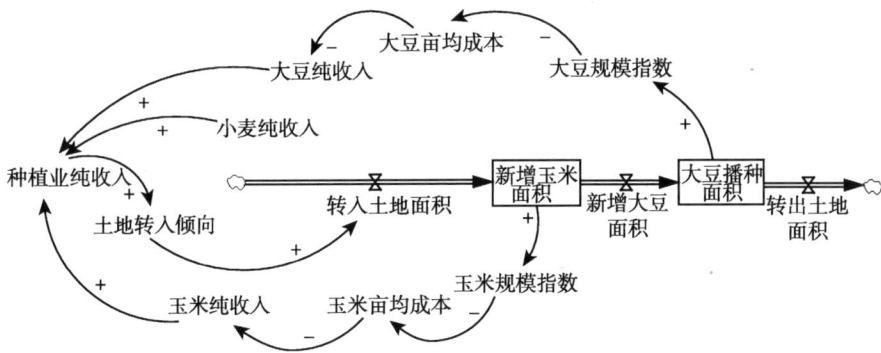

图 5-2  影响农户玉米播种面积变化的技术因素

图 5-3 给出社会因素对农户玉米播种面积的影响反馈路径：一是土地流转将受当地的土地流转发展程度和土地经营显著指数影响，如果土地流转发展程度提高，例如在平原地区或者行政条件等比较鼓励土地流转的区域，农户的土地转入倾向将增大（具体将受到情境设置的限制）。二是农户转出土地面积受到家庭务农依赖指数的影响，外出务工收入多，家庭对务农的依赖程度将下降，但是农户家庭存在照顾老人和小孩的需要，将会对家中妇女或年轻男性劳动力是否选择留在家中务农产生影响，从而影响他们的务农依赖程度，进而影响转出土地面积。如果转入或者转出土地，将对第二年经营面积产生影响，农户会基于新的经营面积决定是否新增玉米的种植面积。

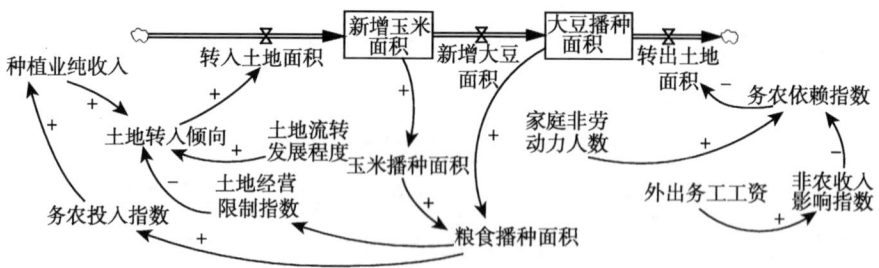

图 5-3　影响农户玉米播种面积变化的社会因素

图 5-4 给出政策因素对农户玉米播种面积的影响反馈路径：对玉米政策补贴将影响家庭玉米种植收入以及种植业总收入，如果家庭经营种植业总收入变化，农户的土地转入倾向将发生变化（具体受情境设置对农户经营能力的影响发生变化）。如果转入/转出了土地，将对第二年经营的土地面积产生影响，农户基于新的经营面积，决定是否增加玉米播种面积。

图 5-5 给出模型考虑的所有因素对农户玉米播种面积的影响反馈路径：种植业的收入将影响土地流转决策，土地量的变动，又将对第二年经营的粮食面积产生影响；外出务工条件将通过影响家庭务农依赖指数影响家庭经营收入，从而影响农户家庭农业/非农业收入结构，进而影响农业经营决策（是否继续经营农业及土地调整的转出或

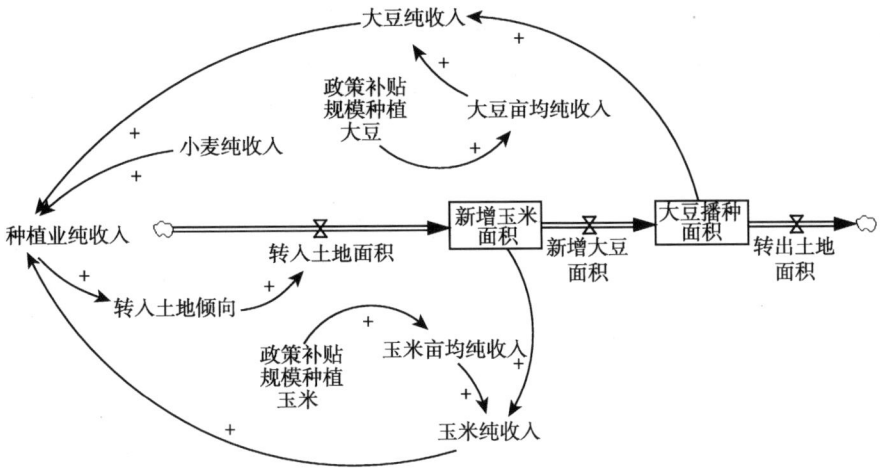

图 5-4 影响农户玉米播种面积变化的政策因素

者转入决策)。农户基于新的经营面积决定是否新增玉米的种植面积,调整后的玉米播种面积,将影响农户对新一轮玉米种植的投入程度(时间、资本、经营精力),从而改变规模经营指数,进而影响玉米经

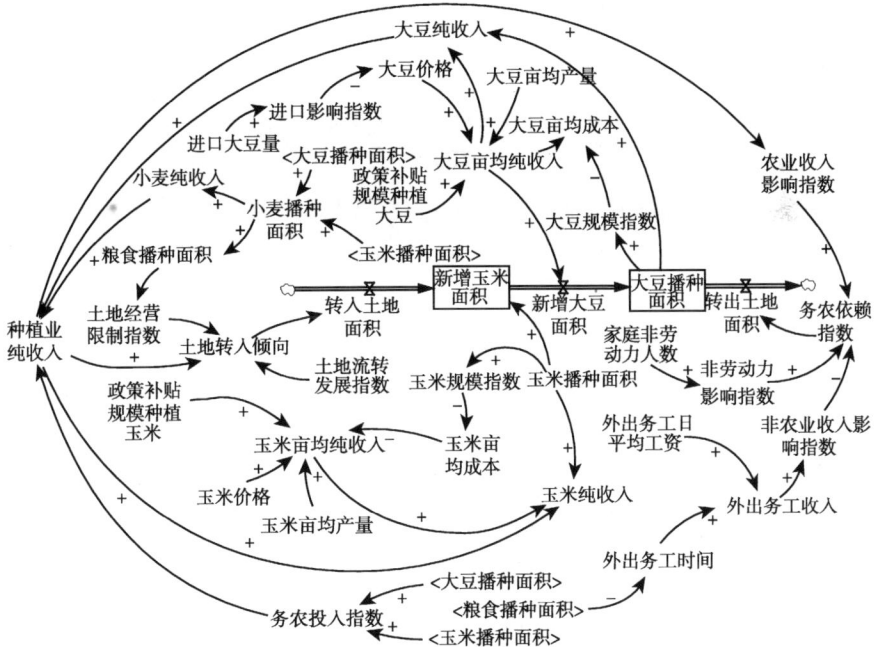

图 5-5 影响农户玉米播种面积变化关系的积量流量

营的成本与收益；政策补贴则通过直接影响玉米种植的经济收入，进而影响农户玉米种植意愿。

根据 2017 年的调研了解，在初始条件下，设置外出务工收入日工资＝120 元/天；家庭非劳动力人数＝2 人/户；进口大豆量＝8 000万吨；土地流转发展指数＝0.1；政策补贴种植玉米＝0 元/亩；政策补贴种植大豆＝0 元/亩。根据模型运行的需求，基于调研的整体感知，将最普遍的一种情况进行初始设定，作为基础分析情境。详见附录 3：SD 模型情境公式。

## 5.4 模型检验

### 5.4.1 灵敏度检验

以系统参数作为研究对象，通过不断改变系统的状态、参数，运用仿真模型，比较系统的输出，从而确定这些变化的影响。灵敏度分析方法如下：假设变化参数、输出行为变量和灵敏度分别以 $X$，$Y$，$S$ 表示，根据灵敏度的定义：

$$灵敏度\ (t) = \left| \frac{行为变量的变化单位数\ (t)}{参数值变化的单位数\ (t)} \right|$$

为避免单位不一致与量纲带来的问题，引入百分比变化表述参数和行为变量的各自变化。则灵敏度定义式表达为：

$$灵敏度\ (t) = \left| \frac{行为变量的百分比\ (t)}{参数值变化的百分比\ (t)} \right|$$

$$S\ (t) = \left| \frac{(\Delta Y\ (t)\ /Y\ (t)}{\Delta X\ (t)\ /X\ (t)} \right|$$

进行灵敏度分析，一般选择模型中一些关键参数进行分析，而不对所有参数分析。在基础分析情境下，本模型选择的关键行为变量是：面积指标中的小麦播种面积（$Y_1$）、玉米播种面积（$Y_2$）、大豆播种面积（$Y_3$）。控制变量是：①外出务工收入日工资；②家庭非劳动力人数；③进口大豆量；④土地流转发展指数；⑤政策补贴规模种植玉米面积;⑥政策补贴规模种植大豆面积。详见表5-2至表5-7。

**表5-2　外出务工收入日工资为120元和200元时面积**
**变量灵敏度（$\Delta X/X=0.667$）**

| Year | $\Delta Y_1$ | $Y_1$ | $S(t)$ | $\Delta Y_2$ | $Y_2$ | $S(t)$ | $\Delta Y_3$ | $Y_3$ | $S(t)$ |
|---|---|---|---|---|---|---|---|---|---|
| 2021 | 0.72 | 12.37 | 0.087 | 0.39 | 9.10 | 0.064 | 0.33 | 3.27 | 0.151 |
| 2024 | 0.99 | 23.25 | 0.063 | 0.68 | 16.25 | 0.062 | 0.31 | 7.00 | 0.066 |
| 2027 | 0.67 | 37.26 | 0.026 | 0.44 | 28.63 | 0.023 | 0.23 | 8.63 | 0.039 |

**表5-3　家庭非劳动力人数为1人和4人时面积变量灵敏度（$\Delta X/X=3$）**

| Year | $\Delta Y_1$ | $Y_1$ | $S(t)$ | $\Delta Y_2$ | $Y_2$ | $S(t)$ | $\Delta Y_3$ | $Y_3$ | $S(t)$ |
|---|---|---|---|---|---|---|---|---|---|
| 2021 | 0.66 | 10.66 | 0.020 | 0.58 | 7.36 | 0.026 | 0.80 | 3.30 | 0.080 |
| 2024 | 0.78 | 17.70 | 0.014 | 0.62 | 11.96 | 0.017 | 0.96 | 5.74 | 0.055 |
| 2027 | 1.39 | 36.52 | 0.012 | 0.74 | 29.59 | 0.083 | 0.65 | 6.93 | 0.031 |

**表5-4　进口大豆量为4 000万吨和8 000万吨时面积变量灵敏度（$\Delta X/X=1$）**

| Year | $\Delta Y_1$ | $Y_1$ | $S(t)$ | $\Delta Y_2$ | $Y_2$ | $S(t)$ | $\Delta Y_3$ | $Y_3$ | $S(t)$ |
|---|---|---|---|---|---|---|---|---|---|
| 2021 | 0.71 | 11.70 | 0.060 | 0.29 | 10.70 | 0.027 | 0.42 | 35.71 | 0.011 |
| 2024 | 1.22 | 18.02 | 0.067 | 1.01 | 17.02 | 0.059 | 0.21 | 14.70 | 0.014 |
| 2027 | 1.67 | 30.37 | 0.054 | 0.96 | 29.37 | 0.032 | 0.71 | 11.17 | 0.063 |

**表5-5　土地流转发展指数为0.1和0.8时面积变量灵敏度（$\Delta X/X=7$）**

| Year | $\Delta Y_1$ | $Y_1$ | $S(t)$ | $\Delta Y_2$ | $Y_2$ | $S(t)$ | $\Delta Y_3$ | $Y_3$ | $S(t)$ |
|---|---|---|---|---|---|---|---|---|---|
| 2021 | 2.53 | 12.23 | 0.029 | 2.55 | 10.10 | 0.036 | −0.02 | 2.13 | −0.001 |
| 2024 | 7.19 | 23.61 | 0.043 | 7.19 | 21.51 | 0.047 | 0.04 | 2.11 | 0.003 |
| 2027 | 7.59 | 35.86 | 0.030 | 7.59 | 32.36 | 0.033 | 0.05 | 3.50 | 0.002 |

**表5-6　政策补贴规模种植玉米为20元和60元时**
**面积变量灵敏度（$\Delta X/X=1.5$）**

| Year | $\Delta Y_1$ | $Y_1$ | $S(t)$ | $\Delta Y_2$ | $Y_2$ | $S(t)$ | $\Delta Y_3$ | $Y_3$ | $S(t)$ |
|---|---|---|---|---|---|---|---|---|---|
| 2021 | 3.21 | 11.70 | 0.182 | 2.21 | 10.70 | 0.137 | 1.00 | 4.02 | 0.166 |
| 2024 | 9.10 | 18.02 | 0.336 | 7.10 | 16.02 | 0.295 | 2.00 | 10.58 | 0.126 |
| 2027 | 9.63 | 30.37 | 0.211 | 7.33 | 27.07 | 0.181 | 2.30 | 9.35 | 0.164 |

表 5-7  政策补贴规模种植大豆为 20 元和 150 元时
面积变量灵敏度（$\Delta X/X=6.5$）

| Year | $\Delta Y_1$ | $Y_1$ | $S(t)$ | $\Delta Y_2$ | $Y_2$ | $S(t)$ | $\Delta Y_3$ | $Y_3$ | $S(t)$ |
|------|------|------|------|------|------|------|------|------|------|
| 2021 | 0.20 | 11.5 | 0.002 | 0.19 | 8.70 | 0.003 | 1.50 | 2.80 | 0.082 |
| 2024 | 1.02 | 18.00 | 0.008 | 0.52 | 14.17 | 0.006 | 5.50 | 3.83 | 0.221 |
| 2027 | 2.01 | 30.37 | 0.010 | 0.81 | 21.37 | 0.006 | 6.20 | 8.08 | 0.118 |

表 5-2 至表 5-7 选取三年作为检验样本，计得灵敏度的绝对值最小为 0.001，最大为 0.295。分别为大豆播种面积对土地流转发展指数的灵敏度，和玉米播种面积对规模补贴玉米种植的灵敏度。说明在本模型的设置中，土地流转指数的变化较难对大豆面积产生重大影响；而补贴玉米种植较容易对玉米播种面积产生影响。其中外出务工收入日工资变量的灵敏度取值范围为 0.026 到 0.151；家庭非劳动力人数变量的灵敏度取值范围为 0.012 到 0.083；进口大豆量变量的灵敏度取值范围为 0.011 到 0.067；土地流转发展指数变量的灵敏度范围为 -0.001 到 0.047；政策补贴规模种植玉米变量的灵敏度为 0.126 到 0.295；政策补贴规模种植大豆变量的灵敏度范围为 0.002 到 0.318。播种面积对这几个控制变量的灵敏度之间存在一定的差异，但这些差异在对同一个参数的响应相对接近，对整体的模拟的结果不至于产生太大的影响，属可控范围。关键变量灵敏度控制在一定幅度内，与淮河流域区域中单个因素对种植的影响不能占绝对优势的结论相符。种植决策的形成由多变量影响共同造成，影响因素之间通过相互反馈，相互增强或减弱传导信息，对种植决策产生影响。

## 5.4.2  结构性检验

基于调研的结果，对不同经营规模的农户进行模拟，一方面对"经营规模"指标的玉米种植变化机制分析；另一方面对模型在"户均经营耕地面积"指标变化下的弹性进行检验。通过三个级别的家庭经营规模模拟，进行 SD 模型的结构性检验：

①小规模种植农户设置初始耕地面积 2 亩：1 亩玉米，1 亩大豆；

②中小规模种植农户设置初始耕地面积 10 亩：5 亩玉米，5 亩大豆；

③大规模种植农户设置初始耕地面积 100 亩：50 亩玉米，50 亩大豆。

### 5.4.2.1　小规模种植农户模拟

小规模种植农户玉米面积在预测期初期呈减少趋势（表 5 - 8）。种植业纯收入在 400～600 元/年之间波动，其玉米亩均纯收入过低，导致玉米种植规模和种植意愿下降。由于小规模农户外出务工收入占家庭总收入的比重大，比起种植业，外出务工更有吸引力；小规模农户的务农投入指数低，也限制了小规模种植户的种植业纯收入增加。在玉米亩均成本高于收入，种植玉米亏损的情况下，小规模农户更容易流转出耕地。

表 5 - 8　小规模种植农户的种植收益及土地经营模拟数据

| 指标 ＼ 模拟年期 | 1 | 3 | 5 | 7 | 9 | 10 |
|---|---|---|---|---|---|---|
| 种植业纯收入（元） | 395.44 | 0 | 0 | 0 | 0 | 0 |
| 大豆亩均纯收入（元/亩） | 126.75 | 0 | 0 | 0 | 0 | 0 |
| 玉米亩均纯收入（元/亩） | −339.07 | 0 | 0 | 0 | 0 | 0 |
| 小麦亩均纯收入（元/亩） | 303.88 | 0 | 0 | 0 | 0 | 0 |
| 玉米亩均产量（千克/亩） | 416.09 | 0 | 0 | 0 | 0 | 0 |
| 玉米亩均成本（元/亩） | 327.21 | 0 | 0 | 0 | 0 | 0 |
| 小麦播种面积（亩） | 2 | 0 | 0 | 0 | 0 | 0 |
| 大豆播种面积（亩） | 1 | 0 | 0 | 0 | 0 | 0 |
| 玉米播种面积（亩） | 1 | 0 | 0 | 0 | 0 | 0 |
| 外出务工收入（元/年） | 8 000 | 10 000 | 11 000 | 12 000 | 13 000 | 14 000 |
| 务农投入指数 | 0.020 0 | 0 | 0 | 0 | 0 | 0 |

### 5.4.2.2　中小规模种植农户模拟

中小规模农户的小麦、玉米播种面积在预测期逐渐增加，大豆种植面积则呈现逐步减少的趋势（表 5 - 9）。由于经营耕地的转入，中小规模经营的农户务农投入指数，比小规模经营农户务农投入指数稍高。中小规模农户种植业纯收入的发展趋势则逐年增加，预测期内，中小规模经营农户的种植业收入约从 4 000 元/年逐渐增长到 18 000 元/年。模型中，虽然玉米种植成本依然逐年增加，且种植收益不如大豆，但农户仍然选择增加玉米的种植面积。这主要是由于，中小规模农户外出务工的收入比重在家庭总收入中的占比逐年增加，家里的年轻劳动力都选择外出务工，没有精力投入种植业。外出务工的劳动力土地也可能交由自家（或亲戚）的留守农户种植，因此留守农户粮食种植面积有所增加。对于青壮年劳动力流失的中小规模农户而言，选择种植省工的玉米更为合适。把原本种植大豆的土地用于种植玉米，也能在一定程度上促进区域机械化种植玉米的发展。

表 5 - 9　中小种植规模农户的种植收益及土地经营模拟数据

| 指标 模拟年期 | 1 | 3 | 5 | 7 | 9 | 10 |
|---|---|---|---|---|---|---|
| 种植业纯收入（元） | 4 377.65 | 9 641.21 | 9 925.41 | 11 869.98 | 16 693.20 | 18 569.48 |
| 大豆亩均纯收入（元/亩） | 131.59 | 123.33 | 176.06 | 184.20 | 0 | 0 |
| 玉米亩均纯收入（元/亩） | −203.7 | 157.86 | 225.62 | 171.36 | 140.12 | 238.95 |
| 小麦亩均纯收入（元/亩） | 473.82 | 591.74 | 549.31 | 618.26 | 972.76 | 999.02 |
| 玉米亩均产量（千克/亩） | 416.09 | 413.17 | 417.99 | 426.72 | 425.26 | 420.47 |
| 玉米亩均成本（元/亩） | 315.75 | 323.36 | 342.97 | 352.59 | 362.21 | 371.82 |
| 小麦播种面积（亩） | 10 | 13 | 13 | 15 | 15 | 15 |
| 大豆播种面积（亩） | 5 | 3 | 3 | 2 | 0 | 0 |
| 玉米播种面积（亩） | 5 | 10 | 10 | 13 | 15 | 15 |
| 外出务工收入（元/年） | 8 000 | 10 000 | 11 000 | 12 000 | 13 000 | 14 000 |
| 务农投入指数 | 0.152 6 | 0.150 8 | 0.145 2 | 0.142 4 | 0.135 7 | 0.129 1 |

### 5.4.2.3　大规模种植农户模拟

大规模农户的小麦、玉米面积在预测期均呈现上升趋势，大豆种植面积有所减少（表5-10）。预测期内，大规模农户的种植业纯收入在6万～16万元/年波动，折算亩均种植业收入600～1 100元，与实际观察大致接近*。大规模种植农户的家庭总收入中外出务工收入占比较其他规模农户小。与中小种植规模户相比，由于土地经营规模大，大规模种植农户的务农依赖指数高，土地转入意愿也较高。

表5-10 大规模种植农户的种植收益及土地经营模拟数据

| 指标 \ 模拟年期 | 1 | 3 | 5 | 7 | 9 | 10 |
|---|---|---|---|---|---|---|
| 种植业纯收入（元） | 59 159.00 | 87 839.92 | 97 078.42 | 105 760.10 | 162 603.30 | 164 448.10 |
| 大豆亩均纯收入（元/亩） | 137.94 | 129.69 | 182.41 | 90.55 | 225.25 | 158.25 |
| 玉米亩均纯收入（元/亩） | 97.6 | 192.63 | 248.45 | 194.2 | 158.16 | 254.89 |
| 小麦亩均纯收入（元/亩） | 473.82 | 591.74 | 549.31 | 618.26 | 972.76 | 853.37 |
| 玉米亩均产量（千克/亩） | 416.09 | 413.17 | 417.99 | 426.72 | 425.26 | 420.47 |
| 玉米亩均成本（元/亩） | 311.99 | 311.61 | 311.21 | 310.83 | 310.44 | 310.05 |
| 小麦播种面积（亩） | 100 | 116 | 125 | 134 | 142 | 151 |
| 大豆播种面积（亩） | 50 | 50 | 40 | 30 | 30 | 30 |
| 玉米播种面积（亩） | 50 | 66 | 85 | 104 | 112 | 121 |
| 外出务工收入（元/年） | 8 000 | 10 000 | 11 000 | 12 000 | 13 000 | 14 000 |
| 务农投入指数 | 0.180 1 | 0.180 2 | 0.180 3 | 0.180 4 | 0.180 4 | 0.180 5 |

结果表明，预测期内中小规模以及大规模农户的决策主要以扩大经营为主，小规模农户转出的土地，正好成为流转的土地来源。模拟还反映了玉米价格虽然较低，但两种土地经营面积逐年增加的农户，均选择逐渐把本来种植大豆的土地转为种植玉米。主要原因分析：从模型来看，玉米在模型中随着规模增加能有效地降低种植的亩均成本；对应在现实中，玉米相较于大豆，除虫等的田间管理更容易、产

---

* 根据2018年11月对安徽省颍上县专业大户的访谈调研，经营200亩小麦-玉米的农户年种植业纯收入约33万元；种植440亩收入约41万元；种植500亩收入约45万元；种植800亩收入约65万元。另一户种植500亩收入25万～26万元。由于2018年出现高温灾害，一些农户亏损预计最高达50%。调研反映的小麦-玉米种植业平均亩收入范围在500～1 650元。

量更高，因此，从成本收入效率的角度分析，选择种植玉米的农户越来越多。

模拟同时表明，面对外出务工能带来更多收入，而务农劳动力投入有限的环境，从降低管理成本的角度分析，对于不同经营规模的农户，种植玉米是最合理的选择。于是年复一年，促成了空间上的连片种植，连片耕地上利用机械种植玉米适应了农户省时省工的需求。

综上原因，农户种植玉米的积极性在 1995—2015 年间持续增加，并且玉米种植集聚度形成越来越高的空间布局特征。模拟结果较好地反映了淮河流域玉米在 1995—2015 年间的扩张以及空间集中的变化，对不同经营规模的变化幅度模拟结果表明模型效果良好。

## 5.5　本章小结

本章采用系统动力学方法构建并检验了基于农户的玉米种植驱动模型。结果表明，2005—2015 年间，淮河流域玉米种植增长和空间扩张的驱动原因是，与其他农作物相比，虽然玉米利润呈现下降的趋势，但种植玉米省时省工，符合淮河流域劳动力外出务工、获取更大家庭收入的内在需求。随着农业劳动力不断外流，户均土地经营面积增加，土地从每家每户的分散经营逐渐向连片经营发展，空间上的连片也使区域机械化种植玉米得到发展。

图 5-6 标识了各种主要因素的传导路径：玉米种植收益从波动不稳定转为下降趋势，严重影响农户种植玉米的意愿；随着劳动力外出务工，农业劳动力的数量将进一步减少，机械化种植玉米有待进一步发展；农村家庭的收入结构发生变化，工资性收入增加使农户务农意愿发生改变，对其土地流转和土地经营意愿产生影响，进而影响规模化玉米种植的进程。

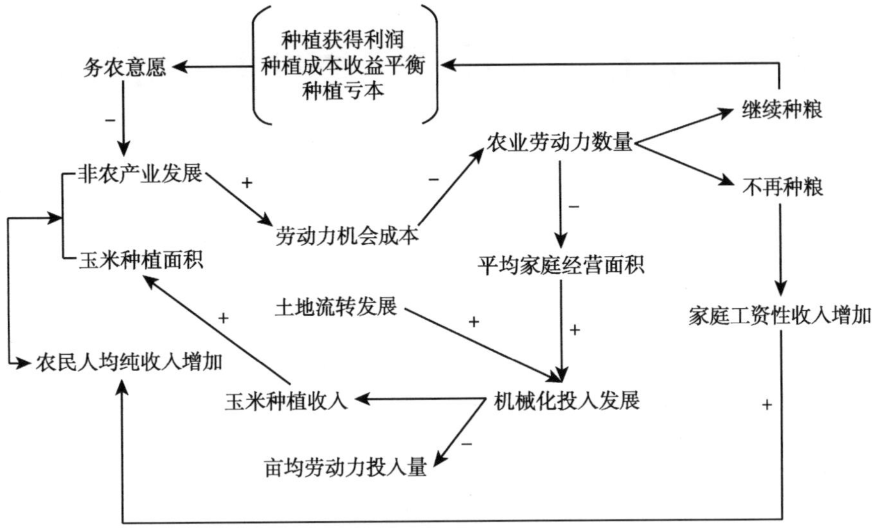

图 5-6　玉米种植驱动机制

# 6　农户玉米种植决策行为模拟

农户个人选择对种植行为的影响逐渐增强。近年来许多研究表明，随着中国经济社会的发展，自然资本通过土地对农户收入产生的影响程度正在下降，而通过技能培训或拥有更好的社会关系等人力资本，对农户收入产生的积极影响逐渐增加；自然资本能够通过农产品的产量和质量直接地影响农民收入，也可通过农户就业行为间接地影响收入（樊新生，李小建，2008；高梦滔，姚洋，2006；盖梦迪 等，2018）。第四章的结论表明，农户对农业的看法对其未来是否参与农业经营有重要影响。与其他因素相比，农户行为的变化对机制所产生的影响较不稳定。将农户进行不同类型划分并且与其他影响因素进行组合，能够进一步探究农户行为对玉米种植的影响，加强政策建议的针对性。本章基于对淮河流域农户的 Q 方法调研访谈，分析淮河流域农户种植决策的行为差异，划分不同类型；然后根据农户分类，将农户特征嵌入 SD 模型，对不同类型农户的玉米种植决策进行情境模拟。

## 6.1　不同特征的农户类型划分

Q 分类方法问卷（附录 1：Q 问卷）共设计陈述句（Statement）33 句，涉及 7 个方面（土地、收入、技术需求、补贴政策、种植计划、对绿色生产的看法、生活生计）的 21 个主题（括号内为陈述句的数量）：粮食价格（1）；技术支持（2）；生产计划（2）；土地流转（2）；产品营销（1）；土地处置（3）；粮食直补（1）；生产困难及处理（1）；绿色生产（2）；经营方式（2）；种植决策（2）；新品种（1）；种植习惯（3）；政策获得（1）；未来生活（2）；日常休闲（1）；

政府角色（2）；职业感官（1）；学习意愿（1）；生活来源（1）；下一代的职业（1）。问卷经过农户测试之后改进表达，口语化地书写在5厘米×4厘米卡片上。让农户对卡片上的观点进行排序并进行排序说明。得分从−4到＋4分布，−4和＋4分别表示最不同意和最同意，0表示没有想法。通过Q分类和主元素分析以及最大化旋转处理，得到权重矩阵，即农户态度差异类型。

## 6.1.1 问卷代表性分析

受访农户中男性34名（56%），女性27名（44%），受访对象的年龄分布呈正态分布，抽样较为合理（图6-1）；受访农户种粮近五年发生变化的大约占2/3，包含兼业与纯务农农户类型（图6-2）。

受访农户家庭中，以2~3个劳动力*为主，符合当前农村以3~5人组成核心家庭的实际，抽样比较合理（图6-3）；受访农户家中务农劳动力个数以2个为主，约占全体样本的2/3（图6-4）。

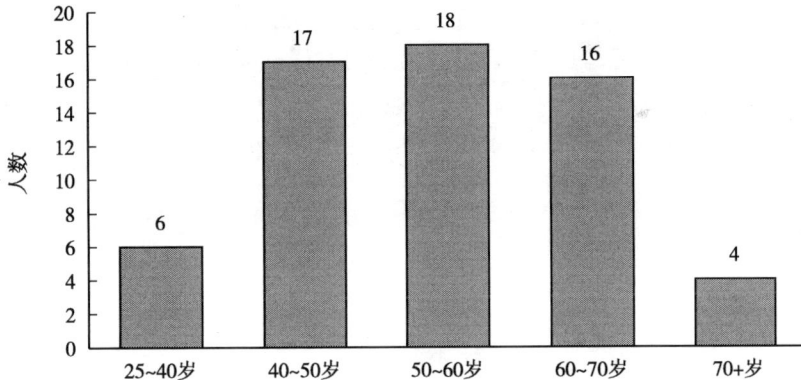

图6-1 受访农户各年龄段人数分布

---

* 对"农户家庭劳动力"的情况做以下规定：年龄范围在17~70岁（含17岁与70岁）之内。已婚而不与父母同住的儿女、儿媳、女婿一般不算在家庭劳动力之内；已经结婚的儿女、儿媳、女婿如果与父母同住在一起，则算在家庭劳动力之内；未婚的儿女外出打工算在家庭劳动力之内。根据调研，65~70岁之间的老人一般不干种植方面较重的农活，但是会从事养猪、种菜这类较轻松的农务。对留守老人来说，这也是一部分重要收入，因此，将"农户家庭劳动力"的年龄范围的上限定在70岁（包含70岁）。

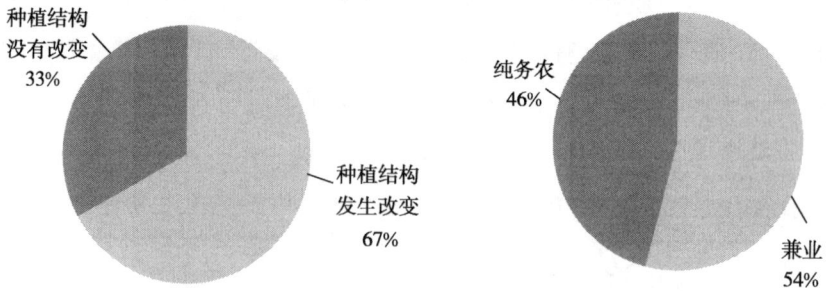

图 6-2　受访农户近五年种植结构变化情况（左）以及兼业情况（右）分布

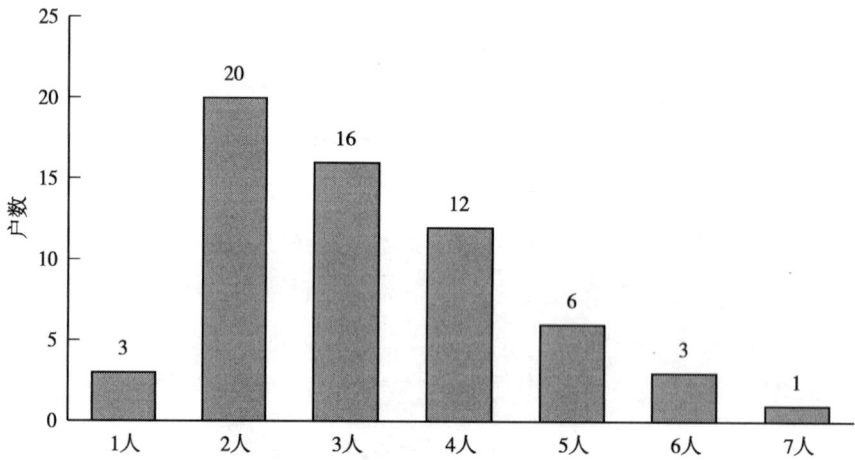

图 6-3　受访农户家庭劳动力数分布

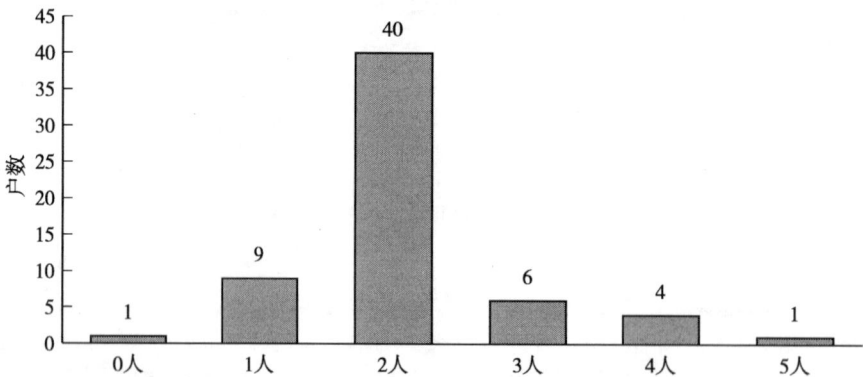

图 6-4　受访农户务农劳动力数分布

　　受访农户以初中文化程度为主，小学文化程度次之。文盲及大专以上文化程度的较少，抽样统计基本符合实际情况（图6-5）；务农劳动力中最高学历以初中为主，约占55.74%，小学学历的占19.67%，高中学历的占18.03%（图6-6）。受访农户家中最高家庭学历分布以初中最多，占22.95%，其次是大学学历，占18.03%（图6-7）。各个学历整体来说分布比较均衡，说明受访农户比较注重下一代的读书受教育。

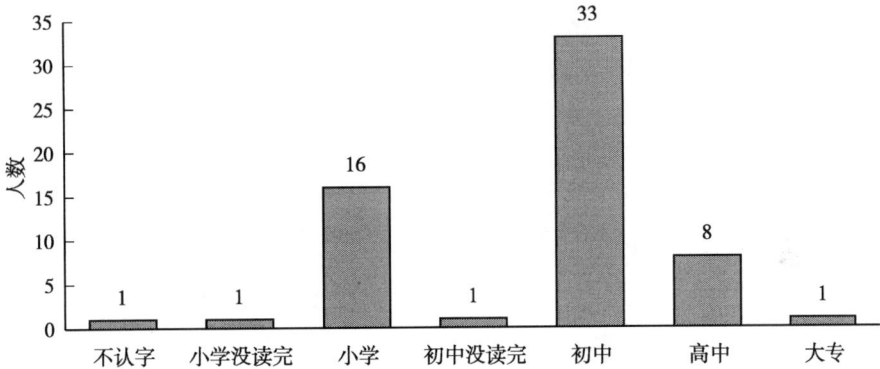

图6-5 受访农户文化程度分布

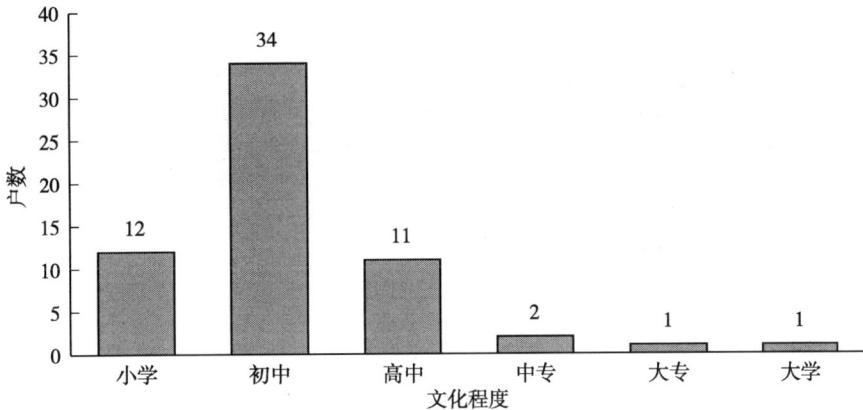

图6-6 受访农户务农劳动力最高文化程度分布

从家庭经营耕地规模方面分析，受访农户的耕地面积以3～4亩占比最高，为26.23%，2～3亩、6～7亩次之，都各占13.11%，经营面积超过（包含）15亩的样本7个，占总样本的11.48%（图6-8）。抽样覆盖了小农户和大户，基本合理。

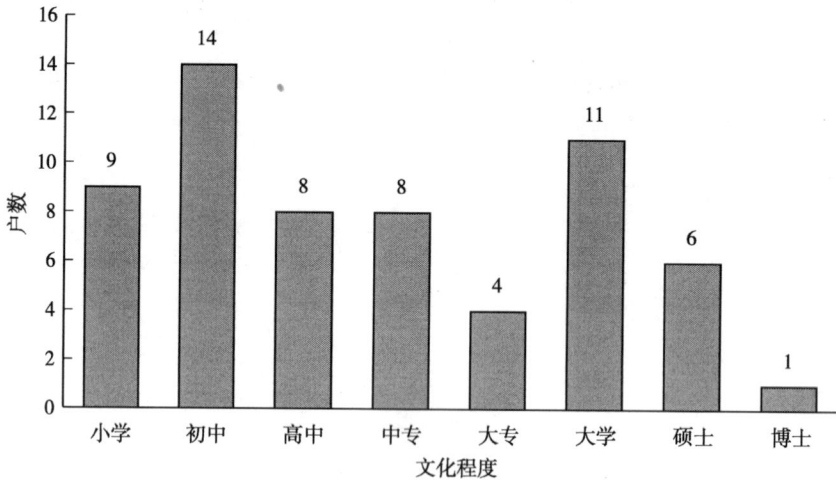

图 6-7  受访农户家庭中劳动力最高文化程度分布

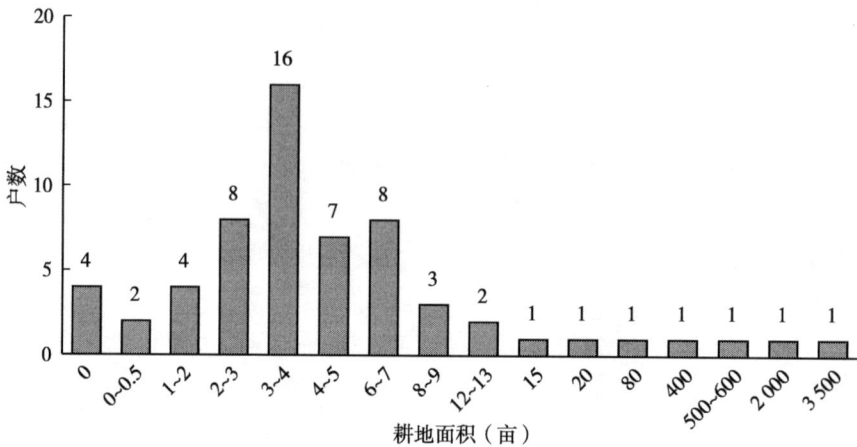

图 6-8  受访农户经营耕地规模分布

## 6.1.2  农户分类结果

从原始的 61 个样本中通过以下 6 个筛选原则进行 Q 分类样本的精简：

①问卷回答相似度不高；②属于标记特征样本；③同一地点的特征样本取得分最高的样本一个；④每种类型至少两个样本；⑤每个省至少保留 5 个样本；⑥根据调研实际情况补充没有标记但重要的样

本量。

根据原则①，选出淮河流域东部 30 个样本、西部 28 个样本进行第一轮计算，对第一轮结果，根据筛选原则②～⑥，选择出 28 个最具有代表性的样本，在软件 PQMethod 2.11 中进行第二轮类型划分计算，表 6-1 给出了每个陈述的分类得分。

表 6-1　33 个陈述及对应的三种农户类型得分

| 编码 | 陈　述 | I | II | III |
|---|---|---|---|---|
| 1 | 政策对粮食的价格影响最大。 | 1 | 1 | −2** |
| 2 | 如果补贴涨到 400 元或 500 元 1 亩，我们会愿意继续种田。 | 3 | 0** | 4 |
| 3 | 将来对大规模种植粮食的农户政策补贴会更多，对小农户补贴会变少。 | 1 | 1 | −3** |
| 4 | 政策对技术上的支持还不够。 | 0* | 2** | −1* |
| 5 | 政府把土地集中起来搞机械化生产我们是很赞成的。 | 0* | 3 | 2 |
| **6** | **如果国家补贴种植新品种，我们会努力地学习并种植新品种。** | **2** | **2** | **3** |
| 7 | 政策对粮食的销路影响最大。 | 2 | −1* | 0 |
| 8 | 我们知道农产品"绿色生产"的含义。 | 3** | −1 | −2 |
| 9 | 每年国家有什么关于粮食的新政策，我们都会很快知道。 | −1 | −4** | −1 |
| 10 | 我们愿意流转出土地，自己出去打工。 | −4** | −1** | 2** |
| 11 | 我们主要比较种田收益高还是流转租金高，决定土地是否流转。 | −3** | 0** | 2** |
| 12 | 我们希望有企业来征用我们的土地集中起来经营。 | −1** | 3** | 1** |
| 13 | 我们希望国家征用我们的土地搞建设。 | −4** | 2 | 2 |
| 14 | 农业是很重要的，土地应该要好好保存下来种粮食。 | 4** | 2 | 1 |
| 15 | 我们村的土地流转做得很规范。 | −3 | −3 | 0** |
| 16 | 我们希望可以有自己的合作社来经营村里的土地。 | 0* | 4** | 0* |
| 17 | 我们以后会和子女一起住进城市或者镇上，土地就流转出去。 | −3** | −1 | −1 |
| 18 | 我们主要生活来源是子女给的生活费。 | −2 | −3 | −4** |
| 19 | 我们很支持年轻人进城去工作，不希望他们还在农村做农业。 | 1** | 4* | 3* |
| 20 | 比起收成不好，我们更加担心粮食价格不好。 | 2** | 0 | −1 |
| 21 | 种田很累，可以不种我就不再种了。 | −1* | 3** | −3* |
| **22** | **在空闲的时间我们喜欢打牌和看电视。** | **−2** | **−3** | **−2** |
| 23 | 我们觉得作为农民很自豪。 | 3** | 0** | −2** |
| 24 | 农村居民养老保险令我老了以后的生活很有保障。 | −1 | 0 | 3** |
| **25** | **明年要种什么，我们主要就看别人计划种什么。** | **−2** | **−2** | **−3** |
| 26 | 因为习惯了，所以我们愿意一直种田，直到自己不能再种为止。 | 1** | −2* | 0* |
| 27 | 比起粮食，我们更愿意种植经济作物。 | 0 | 1 | 4** |

（续）

| 编码 | 陈　述 | I | II | III |
|---|---|---|---|---|
| 28 | 如果种植遇到问题，我们知道可以问谁，可以解决困难。 | 0** | −4** | 1** |
| 29 | 我们愿意学习互联网技术，通过手机、电脑，增加产品销路。 | 4** | −2** | 1** |
| 30 | 如果有钱，我们很愿意对生产投入更多资金的。 | 2 | −2** | 1 |
| 31 | 我们觉得种大豆（或其他）比玉米（或其他替代的作物）产量低。 | −1 | 1** | −1 |
| 32 | 我们觉得种大豆（或其他）比种玉米（或其他替代的作物）麻烦。 | −2 | −1 | −4** |
| 33 | 我们觉得施化肥对土地和粮食都很不好。 | 1 | 1 | 0* |

注：＊＊表明在 P＜0.01 水平显著；＊表明在 P＜0.05 水平显著；加粗陈述句表明三种农户态度相似。

　　表6-2给出了三种类型的农户主要统计特征，可发现第二种类型所占比例最多；在性别、兼业程度上，三种类型没有显著差别。第一种类型的农户年龄在24～40岁的比例明显高于另外两种类型的农户；经营耕地面积50亩以上农户占比上，第一种类型的农户显著高于另外两类。从劳动力数量的投入看，第一类农户的3个劳动力家庭样本有3个，显著高于另外两类；从劳动力最高文化程度看，第三类以小学为主，第二类以初中为主，第一类则明显高于另外两类的文化程度。结合表6-1的陈述句，具体展开对这三种类型农户的相似观点和特征进行分析，进而对每一种类型农户进行定性标记。

表6-2　三种类型农户特征统计数据

| 指标/单位 | I | II | III |
|---|---|---|---|
| 人数（人） | 8 | 11 | 7 |
| 男性（%） | 62.50 | 54.50 | 71.43 |
| 25～40岁（%） | 37.50 | 9.09 | 14.29 |
| 兼业户（%） | 87.50 | 72.73 | 71.43 |
| 经营耕地面积2亩以下农户在本类型占比（%） | 0.00 | 9.10 | 71.43 |
| 经营耕地面积2～10亩农户在本类型占比（%） | 12.50 | 81.82 | 28.57 |
| 经营耕地面积10～49亩农户在本类型占比（%） | 25.00 | 0.00 | 0.00 |
| 经营耕地面积50亩以上农户在本类型占比（%） | 62.50 | 9.10 | 0.00 |
| 0个务农劳动力（户） | 0 | 0 | 0 |
| 1个务农劳动力（户） | 1 | 1 | 2 |

（续）

| 指标/单位 | I | II | III |
|---|---|---|---|
| 2个务农劳动力（户） | 3 | 9 | 5 |
| 3个务农劳动力（户） | 3 | 0 | 0 |
| 4个务农劳动力（户） | 0 | 1 | 0 |
| 务农劳动力最高文化程度为小学（户） | 0 | 2 | 4 |
| 务农劳动力最高文化程度为初中（户） | 4 | 7 | 2 |
| 务农劳动力最高文化程度为高中（户） | 3 | 1 | 1 |
| 务农劳动力最高文化程度为中专（户） | 1 | 0 | 0 |
| 务农劳动力最高文化程度为本科（户） | 0 | 1* | 0 |

注：* 该农户家在农忙的时候外出做生意的儿媳妇会回家帮忙，儿媳妇大学毕业。

## 6.1.3 相似点分析

三种类型的农民对陈述6"如果国家补贴种植新品种，我们会努力地学习并种植新品种"、陈述22"在空闲的时间我们喜欢打牌和看电视"和陈述25"明年要种什么，我们主要就看别人计划种什么"都表达了相似的态度（表6-1）。

陈述6表明，农民在国家推行新品种学习上都表现出信任和支持的态度。不少受访农民表示国家的政策是好的，但是到了真正实施的时候往往"变了样"。调研中一名受访者（其I，II，III的载荷分别为0.299 6，0.041 4，0.234 1）曾经在种子店买到与店家说的不相符的新品种种子的经历。小农户这种情况偶尔存在，但因发生的少，所以不会追究责任。在种植过程中一些环节不能得到有效的维权和保障，是农民对新品种（新技术）的态度普遍表现得比较谨慎的重要原因。

陈述22表明，研究区域虽然基本实现了机械化种收，在日常休闲方式上较单调，普遍受访农户表示除了要养活自己（经济收入不依靠子女），还要供孩子读书或者"帮助抚养孙子"。

陈述25表明，农户现在的种植计划自主性高并且比较灵活，明年选择种植什么作物，并没有明确的计划。

结合调研，进一步分析相似陈述 25，会发现三种类型的农民拥有相似的态度，但是原因也有可能是不一样的。首先，小麦、玉米等机械化率高的粮食作物由于种收、管理方便，价格稳定，第Ⅰ类型（一般是规模种植）农户基本上不会改变原来的种植品种。其次，第Ⅱ类型农户种植规模小，更多是出于习惯了种植传统种植的品种；最后，第Ⅲ类型农户倾向于慢慢探索种植经济效益高的作物，但仍然以价格稳定且熟悉的粮食作物作为保底，种植计划自主性也较强。

## 6.1.4 三种类型的特征分析

（1）第一种类型的特点（以下表达中括号内为陈述句的编号）

这个类型最关注土地（耕地的保有量、质量、规模）（10、13）；关注学习农业资讯和粮食的销售（29、20）；对农业有自己的一套想法，不仅仅是为了生活（11）；对经济作物的种植保持中立（27）；看重绿色生产（8）；对养老保险略显消极（24）；对政府持中立态度（4、5）。以下引用的原话表明，本类型农户大多正处于规模化经营的起步和探索阶段：

"我们现在以种植粮食作物为主，经济作物正在慢慢探索增加，不能一次增加太多。"

"一开始没有（农机）补贴，后来才有。自家本身只有 6 亩地。一开始承包 500～600 亩，从 2010 年开始承包至今慢慢扩大到 2 500 亩。现在我和 200 户农户签约 15 年承包他们的地。"

第一种类型农户玉米生产主要作为商品粮销售，因此他们很重视市场。而他们对政府政策的态度并不明确，主要是因为他们有一定的经济实力，能够依靠自己慢慢摸索发展起来。调研过程中发现，种粮补贴对这种类型的农户来说并不占重要地位。对应描述性分析部分，第一种类型的年龄相对年轻，表明年轻务农劳动力的在价值观和态度在本类型的定义中具有较大的作用。掌握先进的技术、尝试传统作物新的品种、应对多元化经济作物的市场波动等，都要求农民年纪较轻和具备一定的种植专业水平。根据以上特征，将第一种类型标记为"积极发展型"（PD 型：Positive Development Type）。

（2）第二种类型的特点

第二种类型以中老年、妇女群体为代表，他们的孩子处于青壮年，大都离开了农业，去工作创业或正在攻读高学历文凭（19），较安于现状。按年龄分则包括了很年轻的完全不务农的群体，或年纪很大的逐渐不务农群体两种。这一类型农户的家庭收入中对土地的依赖低于第一种类型的农户（10、13），也会在意土地的生产力（33），但是对自己是否一定要参加农业表示不确定（"无所谓"）（11）。他们希望以合作社的方式经营土地（12），种粮的机械化程度较低（21）；不愿意增加对农业的投入（30）；第二种类型农户对具体的政策并不十分关注（9），但他们对政策持有正向态度（5）。这个类型的农户容易丢荒生产条件不好的耕地。主要原因是缺乏发展的能力：

"太老了，老伴也生病，种粮种不动了，想挖鱼塘养鱼，但是没有人帮忙。"

第二种类型的农户并不认为农民是一个职业，在地位上比不上其他行业，他们对自己务农的认同程度虽然低于第一种类型的农户，但是也高于第三种类型的农户（以下再分析）。缺少劳动能力和技术是丢荒耕地和放弃务农的重要原因。不仅是劳动能力较弱的老年人，年轻受访者也表示缺少技术支持和成功示范。面对新尝试的风险过高的情况，这一类型的农户更加偏向外出打工：

"土地太分散，难以组建合作社来，大部分土地都荒了，种田没有效益；孩子都需要打工才能养活自己。"

这表明第二种类型的农户对合作社的消极态度不仅来源于年龄太大，劳动力下降，或属于年轻一代学历水平较高对务农没有兴趣，同时，还来源于所处的自然条件限制。另外，对于年轻人不得不外出务工，一位属于第二种类型的农户表示，他们的孩子也不愿意外出打工，因为外出打工也有很高的生活成本（"需要很多花费"），而且也不能陪伴小孩。第二种类型的农户对政策的看法，虽然在1～9关于政策的陈述句中没有体现出来，但分析发现，虽然在比较之下，他们较不关注具体政策（9），但对政策的期望很高（5）。这个结果似乎形成一种不协调的态度——但根据他们的原话，这种不协调是可以被解释的：

"政策虽然很好，但是实际上实施不到我们的头上"。

"政策没有什么影响，我们也理解不了"。

"如果是诚实的人，我们是愿意交给他经营的，不然风险太大了"。

"农民是最底层的，看上去很好，但是实际上很苦"。

第二种类型的农户玉米生产主要用于销售，但是他们一般能兼营一定的养殖，一部分玉米可能用于内部消费。同时，他们很大程度对土地以外的一些外部条件，表现出一种消极的态度，因为这些外部条件对于他们来说都是不可控的，反映了这种类型的农户土地拥有基础少、对土地依赖程度较弱、风险承受能力低、不愿意未来年轻一代仍然作为农民及容易产生不再种地等倾向。根据以上分析，将第二种类型的农户标记为"消极务农型"（NF型：Negative Farming Type）。

（3）第三种类型的特点

第三种类型的农民主要为壮年劳动力，这一类型的农户大多属于"上有老下有小"的家庭结构（18）；农业收入对他们来说比较重要，并且他们也较依赖政策（2、3），他们并不认为务农的劳动力成本高（"劳累、辛苦"）（21），但却希望下一代能脱离农业（19），只要机会合适，他们愿意流转土地，既可以是转入土地，也可以是转出土地（10、15），他们最为关心的是收成而不是粮食价格（20），也最愿意种植经济作物（27）。

本类型的农户生产计划灵活程度较高。由于生活压力比第一种类型（PD型）和第二种类型（NF型）都更大（主要由于PD型农户经营的耕地规模大，而 NF 型农户没有养家的压力），本类型农户对种植收入计算得比较清楚，不过却不太打算通过引进技术来提高农业收入（4）。存在着"依赖农业生产"和"没有更好的办法可以提高收入水平"的窘境，而这却十分符合 Irwin（2010）所概括的：农业对农村经济的依赖程度远超农村经济对农业的依赖程度。第三种类型农户发展受到的主要制约一方面来自自身的学习能力和时间限制，另一方面来自非农业的服务体系和基础设施发展不足：

"我也是愿意学习互联网技术的，但是做不到，有心无力。"

"政府对技术没有扶持，即使有想法也不知道可以问谁。"

"我们虽然愿意学习互联网，但是这里有风险的，附近的快递公司做得不好。在我们这里用农超对接（的方式）或者更好。"

"我们这的土地缺这缺那的，不好经营，没有时间学习网络知识，基础设施也跟不上。"

在种植计划方面，第三种类型的农户看法与第一种类型和第二种类型都不一样，主要体现在对施用化肥和机械化生产的态度上。本类型农户的关注点并不在于农业的高效率和可持续发展，而在于自己的家庭能不能从农业生产中获得应有的效益：

"我觉得施化肥对土地也没有多大影响，但是不施肥收成不好，所以一定要施（化肥）的。"

"国家给补贴不能因为是大户就多，小农户就少，国家对待大户要和小户一视同仁才行。"

"我觉得要不要机械化生产没什么关系。现在这样就很好。"

虽然第三种类型的农户似乎是三类农户中生活压力最大的一类，但对于生活的满意程度并不能一概而论，例如本类型中有农户曾明确地向调研人员表示生活得很满足：

"我们这儿打工的人不多，（这样生活）挺开心的。"

研究发现，出于经济考虑，农户家庭中的人均土地量对农户幸福感造成一定的影响。对只有一个孩子的家庭，第三种类型的农民可以专心致志地在家乡陪伴儿女，生活负担也相对较小，幸福感较高。而对有两个小孩的本类型农户，虽说经济收入不如第一种类型的农户多，生活负担比第二种类型的农户大，如果他们的土地足够的话，也可以生活得比较幸福。对比第一种类型和第二种类型，本类型的农户投入劳动力和资本维持以务农为主的家庭生活的特征比较突出，因此，将第三种类型的农户标记为"家庭生计型"（FS 型：Family Support Type）。

对三类农户在政策、土地、生计和种植选择四方面的差异归纳如下：

政策：FS 型对政策的评价最高，特别是关注那些直接与他们的经济收入相关的政策。相对地，NF 型对粮食相关政策最不在乎，响应度最低。PD 型对现阶段政策的态度处于二者之间。对 PD 型农户，可以探索制定鼓励规模化经营的贷款与农业保险补贴等政策。

土地：PD 型对土地认同度最高，是新型种粮主体的典型代表。对粮食价格的敏感度高，由于他们愿意流转土地，因此，土地资源容易成为他们最稀缺的资源。NF 型农户是流转出土地潜在意愿最强的。FS 型对土地流转的态度则处于 PD 型和 NF 型之间，只要条件合适，持有 FS 类型相似态度的农户有可能转入土地扩大生产，也有可能转出土地外出务工。

生计：NF 型对生计的响应度高，合作经营方式最受这类型农户的认可。NF 型农户以分散经营为主，大多数的经营面积小于 10 亩，在淮河流域众多的农户家庭中数量较多，其生活来源基本上为分散的、规模较小的土地，如果 NF 型农户生活得到保障，将有利于这些土地的集中管理。

种植选择：FS 型农户愿意投入劳动力进行精细化的经营，倾向于以经济作物代替粮食作物；PD 型农户规模化经营能力强，面临的风险也高，他们种植作物的选择，受市场的影响最大，稳定的收入预期对他们的种植选择产生重要的影响；NF 型农户的离农意愿较显著，如果没有较好的平台（合作社），很难让他们改变种植选择；如果要改变种植选择，将受技术学习的影响最大。

## 6.2 不同类型农户玉米种植变化情境分析

根据农户决策特征分类，通过调整初始拥有的耕地量，将三种类型的农户特征嵌入 SD 模型，对不同类型农户的玉米种植决策进行情境模拟。

PD 型：对农业的发展有想法，具有较强的经营实力，流转土地积极，初始面积 50 亩。

NF 型：对农业看法较消极，拥有的耕地基础少，容易转出耕地，初始面积 2 亩。

FS 型：需要依赖种植业收入维持家庭生计，拥有一些亲戚委托经营的耕地，经营面积比 NF 型多一些，但是经营实力和积极性不太高，初始面积 10 亩。

模拟结果显示，PD 型对大豆政策补贴、玉米政策补贴、大豆进口量变化有较显著的响应；NF 型对大豆补贴政策变化、大豆进口量变化有较显著的响应；FS 型则对区域土地流转发展程度、大豆政策补贴、玉米政策补贴、大豆进口量变化有较显著的响应。以下分别对三种类型的农户玉米种植情境进行分析。

### 6.2.1 积极发展型（PD 型）

#### 6.2.1.1 大豆政策补贴变化情境

PD 型农户在大豆政策补贴低于 100 元/亩的情况下，玉米面积在预测期逐年增加；当大豆政策补贴高于 150 元/亩时，玉米面积逐年下降。补贴增加可以显著促进 PD 型农户大豆种植面积增加（图 6-9）。PD 型农户具有较强的土地流转意愿和能力，大豆低补贴的情况下，通过稳步扩展玉米面积和保持大豆面积，保障收入最大化；大豆种植具有高补贴额时，PD型农户稳步增加大豆面积而稳定玉米播种面积，达到收入最优。

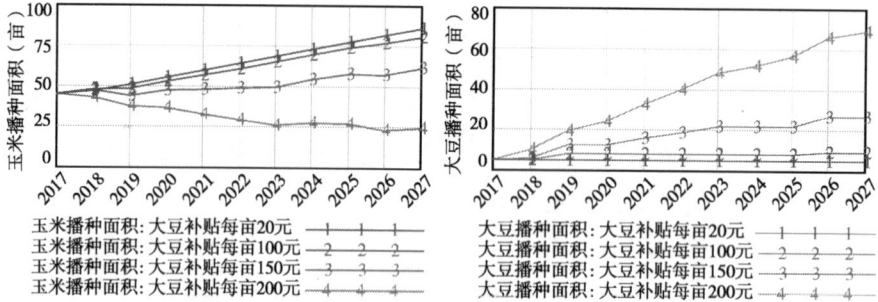

图6-9　PD型农户玉米（左）、大豆（右）播种面积
在不同大豆种植补贴下发展预测

## 6.2.1.2　玉米政策补贴变化情境

玉米补贴使PD型农户玉米播种面积明显增加，但对大豆种植不产生影响（图6-10）。由于玉米的亩均产值高，即使没有玉米补贴，PD型农户也会在预测期内扩张玉米种植规模。在没有补贴的情况下，PD型农户玉米种植意愿保持增加的趋势，流转土地扩大玉米种植规模。补贴差异带来玉米种植增加效果没有很大差异，表明PD型农户的种植规模并没有随补贴增加而增加，对PD型农户而言，扩大玉米种植规模以增加收益，所受到最大的限制因素，是扩大经营规模

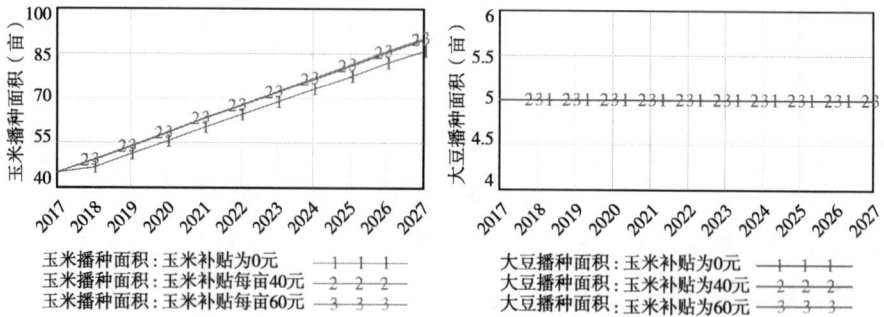

图6-10　PD型农户玉米（左）、大豆（右）播种面积
在不同玉米种植补贴下发展预测

（具体的外在因素是区域土地流转的发展程度；从内在因素看还有经营者自身扩张经营规模的能力和对自身抗风险能力的预估）。

### 6.2.1.3　大豆进口量变化情境

在大豆进口量为 5 000 万吨的情境下，PD 型农户玉米播种面积呈现下降趋势；受到 9 000 万吨的大豆进口量对国内大豆生产市场冲击情境下，PD 型农户种植玉米的意愿显著上升（图 6-11）。

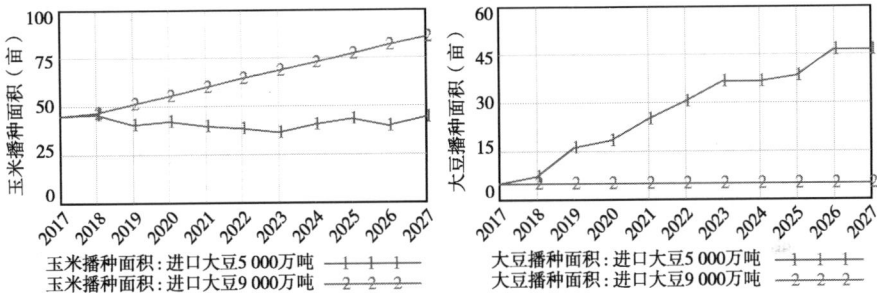

图 6-11　PD 型农户玉米（左）、大豆（右）播种面积
在不同大豆进口量下发展预测

PD 型农户对规模种植大豆政策补贴、规模种植玉米政策补贴、大豆进口量变化三个变量有显著响应，并在政策补贴下一定程度增加玉米的种植面积，而一旦出现替代作物补贴发生变化的情形，PD 型农户就会改变种植策略。投资建设温室大棚，四季都种植蔬菜、花卉、水果等经济作物，投资成本高，风险较高，但利润比玉米高。根据现在的粮价水平，在没有补贴的情况下，未来 PD 型农户很可能有大量转种经济作物的倾向，玉米种植减少。随着土地流转不断发展，规模种植户的趋利行为累积，将对国家粮食供给产生影响。同时，由于玉米对地形和水源的要求不如经济作物高，而土地流转之后，在种植面积减少的同时，玉米种植布局也发生一定的变化。PD 型农户种植经济作物和发展新型农业，在地势平坦，交通发达，靠近水源的地区，玉米播种面积可能会大量减少。

PD 型农户对外出务工平均日工资、家庭非劳动力人数、土地流转发展指数的变动响应不显著，反映了他们有能力从种植业中营利、充分利用机械代替传统家庭劳动力、土地经营能力强等特点。农村中种植大户一般是当地的致富带头人，其生产经营方式对周边农民具有重要的辐射与带动作用，大户的决策和行为容易引起周边农民的效仿（颜廷武，2018）。PD 型农户机械化程度高，能规模化种植，使用好的种子，施肥也能更加合理，相对更能保障玉米单产量以及绿色生产。因此，为保障粮食安全，应该对 PD 型农户有针对地实施种植玉米补贴政策，根据市场波动加以引导，适当对玉米补贴有所增加。

假如根据经营规模和国家对玉米的计划需求，对规模种植户每亩玉米种植补贴范围设定为 500～800 元，能较有效地通过减轻农户面临的市场风险度，提升 PD 型农户种植玉米的积极性。按 2017 年价格基准对 PD 型农户计算收益的过程为例：假如有 1 000 亩土地全部种植了玉米，1 亩玉米产量 750 千克，售价 1.5 元/千克，一共收入112.5 万元，减去每亩化肥 100 元、种子 30 元、灌溉 100 元、农药30 元、机械化＋劳动力 150 元，总成本 41 万元，净收入 71.5 万元；假如 1 000 亩种植夏季经济作物或者温室大棚或者田园综合体每年净收入约 155 万。如果政府每亩能补贴 800 元，农户种植 1 000 亩玉米收入达到 151.5 万元，这与种植经济作物的收入相似，且玉米价格更加稳定、风险更低；而经济作物受市场影响价格变化大，风险高，投入高。在权衡之下，农户选择种植玉米的意愿提升。但若每亩补贴过高（例如达到了 800 元），则国家投入过大，就会引导农户全部种植玉米，造成产出过高，效益降低。适当的种植补贴下，综合评估农民可能会种植 500 亩玉米，500 亩经济作物，既保证国家的粮食安全，又提高农民的收入。

## 6.2.2　消极务农型（NF 型）

### 6.2.2.1　大豆补贴变化情境

根据情境模拟，当大豆每亩补贴发生变化，NF 型农户开始两年不种植玉米，选择种植大豆，但在预测期第 5 年发生变化：对大豆补贴每亩 150 元的情况下，到 2022 年玉米增加；大豆每亩补贴 200 元，到 2024 年玉米面积增加。大豆较高补贴对 NF 型农户有很大的吸引力（图 6-12），对于每亩 200 元的高补贴情境，NF 型农户或在预测期的第 5、第 6 年增加大豆种植。但若补贴大豆种植在另一个区间（每亩 100～150 元），NF 型农户大豆种植意愿则呈现较平稳的变化趋势。如果没有政策补贴，NF 型农户会放弃玉米和大豆的种植。但只要补贴面向的是所有农户，即使是 NF 型农户也会受到影响，亩均效益提升会促使农户调整经济收入来源。

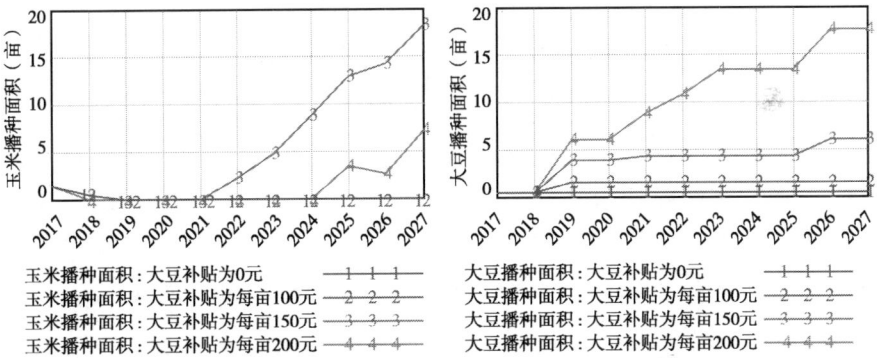

图 6-12　NF 型农户玉米（左）、大豆（右）播种面积
在不同大豆种植补贴下发展预测

## 6.2.2.2　大豆进口量变化情境

模拟显示，大豆进口量较低的情况下，NF 型农户不种玉米而种植大豆；当大豆进口量大于等于 6 000 万吨时，NF 型农户种植大豆意愿变得很低甚至完全不敏感（图 6-13）。NF 型农户在大豆的亩均纯收入较高的水平波动时，种植意愿显著增加；大豆进口量 6 000 万吨和 8 000 万吨的模拟近乎重合，表明 NF 型农户与 PD 型农户不同，并没有较强的农业经营意愿，面对国际市场的影响，NF 型农户不能经受价格下挫带来的损失，最终很有可能弃耕或转出土地。

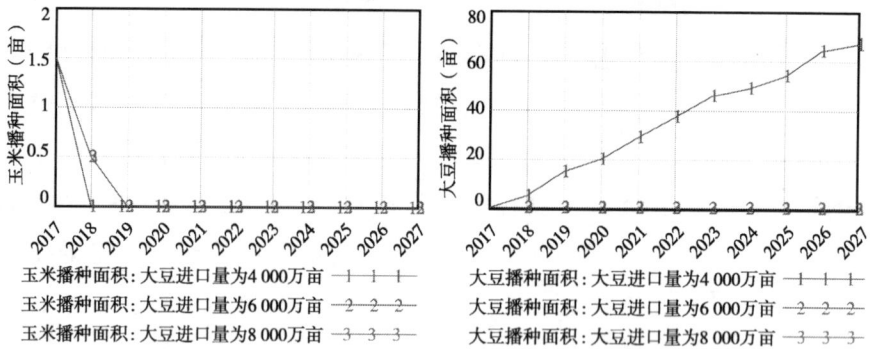

图 6-13  NF 型农户玉米（左）、大豆（右）播种面积
在不同大豆进口量下发展预测

NF 型农户对外出务工平均日工资、家庭非劳动力人数、土地流转发展指数、政策补贴规模种植玉米的变化响应不显著，反映了他们适应政策调整能力较低的特点。NF 型农户年龄大、文化程度低，或者属于年轻劳动力，文化程度高，不愿意经营农业。随着大龄劳动力年龄增长，没有能力再务农，文化程度低，不能及时学习新的知识；年轻劳动力不愿意务农，所以只能将土地流转出去。原来一家一户式、零散的田块分布式玉米-其他轮作作物（如大豆、芝麻、薯类以及夏季豆角茄子等露地蔬菜）的种植，逐渐被统一管理的、连片的农田所取代。

但 NF 型农户若退出土地，将失去重要的生活保障；而部分劳动力由于农民工回流，返乡照顾孙子等原因，仍然需要有稳定的收入来源。因此，必须十分注重在农户分化过程中，对土地收益分配机制的完善，保障转让土地经营权之后的农户收入仍然较为稳定，能共享土地生产力提升带来的增值。

## 6.2.3  家庭生计型（FS 型）

### 6.2.3.1  大豆政策补贴变化情境

在大豆政策补贴情境下，FS 型农户玉米播种面积增长，但其玉米播种面积并不随着补贴的增加而增长得越快。大豆每亩补贴80元时，FS型农户玉米面积增加最快。大豆种植面积则随着不同大豆补贴政策存在显著的分级发展趋势（图6-14）。主要原因是大豆的纯收入也存在相似的发展趋势（图6-15）。在大豆补贴额为0元或40元时，FS型农户的种植决策模拟结果重合，表明在没有补贴或较低补贴额度情况下，FS型与NF型农户不一样，不会放弃种植，而随着每亩大豆补贴额增加，家庭经营收入的增加就越明显，FS型农户将有意愿转入土地，通过扩大种植规模提高种植总收入（图6-16）。

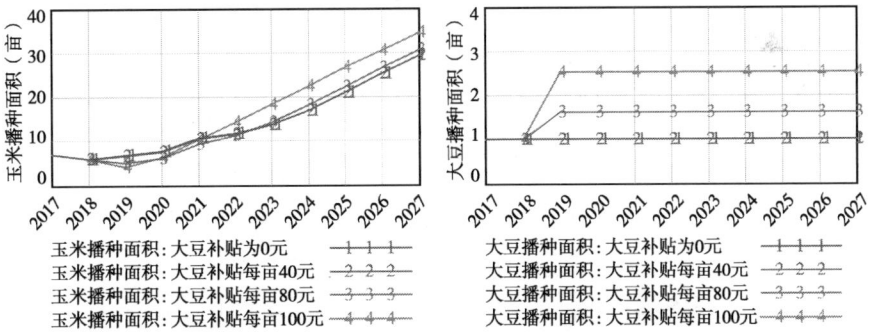

图6-14　FS型农户玉米（左）、大豆（右）播种面积
在不同大豆种植补贴下发展预测

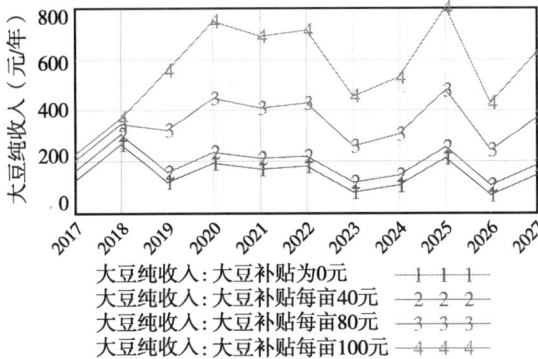

图6-15　FS型农户大豆纯收入在不同大豆种植补贴下发展预测

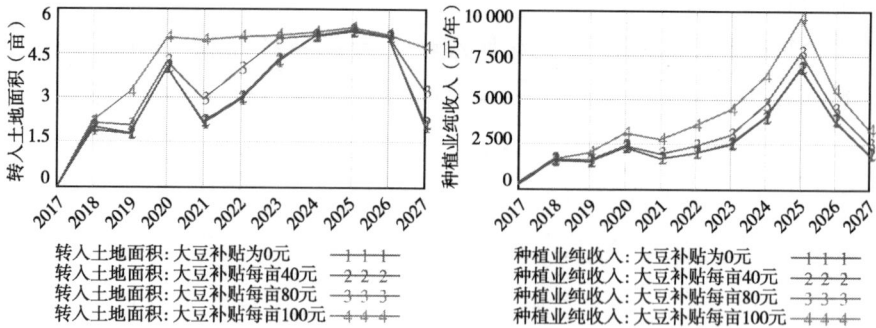

图 6-16　FS 型农户转入土地面积（左）、种植业纯收入（右）
在不同大豆种植补贴下发展预测

### 6.2.3.2　玉米政策补贴变化情境

在不同玉米政策补贴下，FS 型农户玉米播种面积逐年增长，大豆种植面积没有显著差异（图 6-17）。玉米补贴对玉米面积的影响差异没有在补贴开始的前几年发生，而是经过一定时间，通过两三年转入土地量的积累，FS 型农户家庭务农依赖程度相对于没有补贴的情况下逐年提升（图 6-18），获得了比没有补贴情况之下额外的发展实力（耕地的累积）。在模拟期中的 2021 年，玉米亩均纯收入波动上升，没有政策补贴情境的 FS 型农户也会扩大玉米播种面积，但存在补贴情境的 FS 型农户由于在种植面积上存在早发优势（耕地面积较多），亩均成本较低，将获得更高的亩均玉米收入，在模拟期后期，

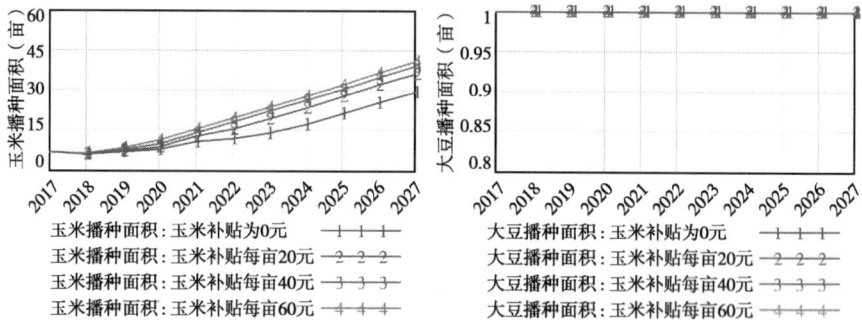

图 6-17　FS 型农户玉米（左）、大豆（右）播种面积
在不同玉米种植补贴下发展预测

面临的玉米种植亩均成本在区域趋于收敛，始终能有较高的种植业收入（图 6-19）。对玉米进行政策补贴，使 FS 型农户耕地转入意愿增加。模拟结果表明，对于 FS 型农户而言，通过规模种植降低亩均种植成本，有助于他们更好地应对市场波动。

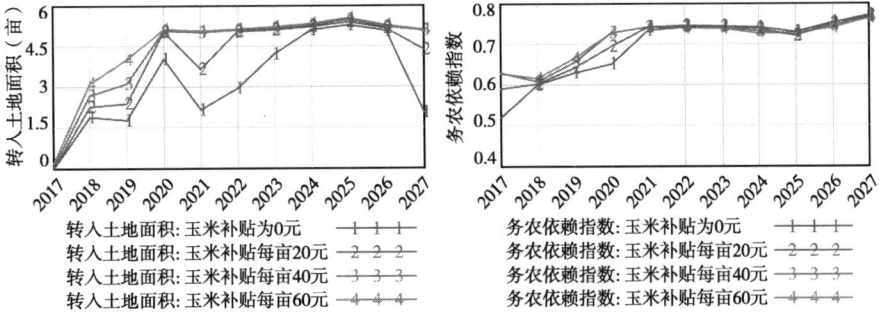

图 6-18　FS 型农户转入土地面积（左）、务农依赖指数（右）
在不同玉米种植补贴下发展预测

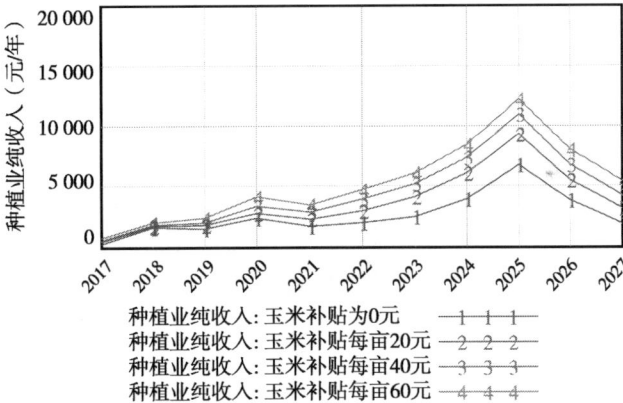

图 6-19　FS 型农户种植业纯收入在不同玉米种植补贴下发展预测

### 6.2.3.3　大豆进口量变化情境

在大豆的进口量分别为 6 000 万、8 000 万、10 000 万吨的情境下，FS 型农户玉米播种面积在模拟期第 4 年（2020 年）呈现发散发展趋势，大豆则是在进口量仅 6 000 万吨的情境下呈现增长趋势（图 6-20）。模拟结果显示，大豆进口量的增加显著降低 FS 型农户种植玉米、大豆的意愿。

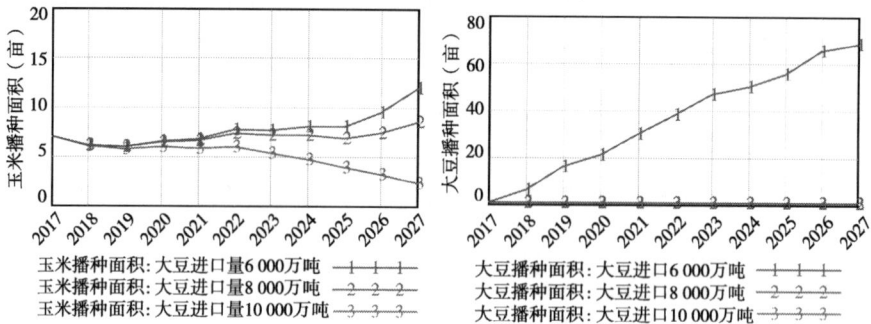

图 6-20　FS 型农户玉米（左）、大豆（右）播种面积
在不同大豆进口量下发展预测

　　玉米种植的发展趋势，与种植业年纯收入、土地转入量的变化趋势较一致（图 6-21）。而大豆进口量差异在模拟期前几年没有体现在玉米种植上，主要由于 FS 型农户种植大豆、玉米不多，大豆进口量变化的影响在开始几年不明显。进口大豆影响带来的价格波动，通过影响 FS 型农户的家庭经营收入继而影响其土地经营倾向，使玉米种植减少。

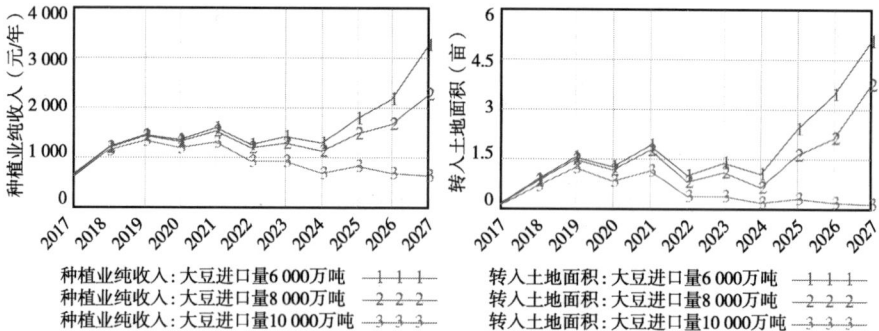

图 6-21　FS 型农户种植业纯收入（左）、转入土地面积（右）
在不同大豆进口量下发展预测

　　FS 型农户的务农依赖程度，并没有因为大豆进口量较少而呈现发散式增加趋势（图 6-22），表明 FS 型农户有可能由于大豆进口量较大，不再进行土地经营；却不会由于大豆市场价格较好而发展成为

规模化经营的 PD 型农户。FS 型农户更希望通过投入自己更多的精力来获得更多的种植收入，但通过更大的资金投入来发展农业水平和提高农业效率，并不是他们的目的。因为更大的规模往往意味着更大的经营风险，FS 型农户需要照顾下一代并且把发展的希望寄托在他们的孩子身上，没有启动规模种植的资金。

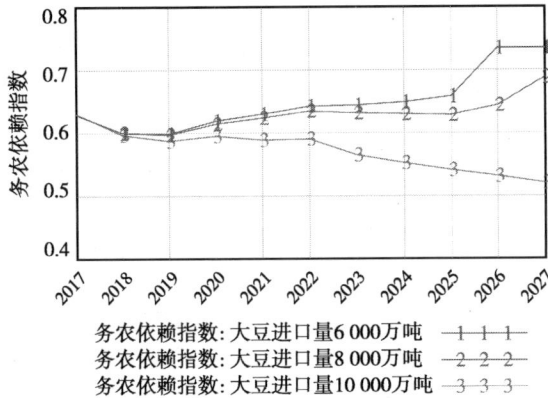

图 6-22　FS 型农户务农依赖指数在不同大豆进口量下发展预测

### 6.2.3.4　土地流转发展程度变化情境

在区域土地流转发展程度从低向高（0.1、0.3、0.5、0.8）的情境下，FS 型农户从预测期的第三年（2019 年）开始玉米播种面积增加；在土地流转发展程度在 0.3、0.5、0.8 的水平上，FS 型农户玉米面积随土地流转发展程度的提高而增长；当土地流转发展程度为0.1 时，FS 型农户玉米面积，玉米增长趋势不明显；对大豆种植面积没有显著差异（图 6-23）。土地流转发展环境越好，越有利于 FS 型农户发展玉米种植。

FS 型农户对外出务工平均日工资、家庭非劳动力人数的变动响应不明显，反映了他们有能力从种植业中获得满意的收入，并在一定程度上逐步学习使用机械代替劳动力，流转土地经营也较有潜力的特点。以往一直依赖并看重农业经营收入的 FS 型家庭偏向种植玉米最主要因为玉米带来的稳定收入。玉米虽然产量高，但是近年来价格有

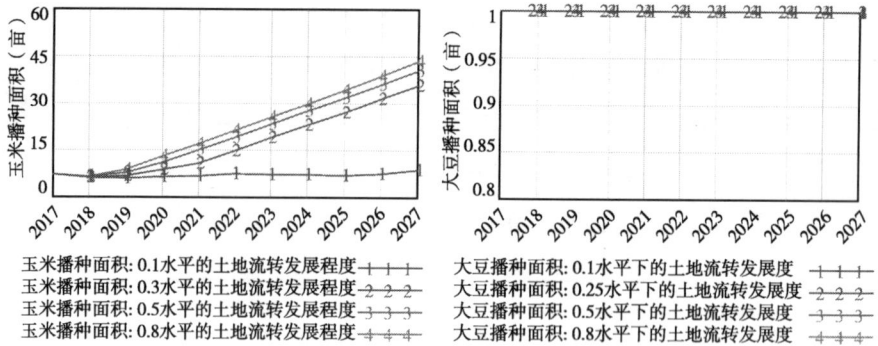

图 6-23　FS 型农户玉米（左）、大豆（右）播种面积
在不同土地流转发展水平下发展预测

走低的趋势，若 FS 型农户收入不能维持家庭生计，这些家庭中的年轻劳动力会进城务工，留在农村的若为大龄劳动力，则即使玉米价格降低了，但由于种植人工成本不大，加之大龄劳动力相对更加重视土地，因此还会存在部分土地不能在短时间内被集中起来经营。结合实地调研，进行规模经营被优先集中经营的土地，将是水源条件较好、交通方便的地方，所以玉米很可能会演变成在一些水源条件相对差的旱地、坡地、缓坡地以及交通较偏僻的地方种植，对玉米的产量产生较大的影响。即使种植面积不减少，但是种植条件的弱化有导致玉米供给能力下降的可能性。因此，应该重视对玉米抗旱品种的研发和推广，同时根据区域条件，开展山地、坡耕地种植玉米的适宜性评估。

　　对 FS 型种植户每亩经济作物种植提供一定的启动资金，能较有效地通过减轻 FS 型农户面临的市场风险，提升其返乡发展的积极性。按 2017 年价格基准对 FS 型农户计算收益：假如有 100 亩土地全部种植了玉米，一亩玉米产量 750 千克，价格 1.5 元/千克，共收入 11.2 万元。减去每亩化肥 100 元、种子 30 元、灌溉 100 元、农药 30 元、机械化＋劳动力 150 元，总成本 4.1 万元，净收入 7.2 万元。如果是外出务工，一个月收入 3 000～4 000 元，每年收入 4 万～5 万元，按照家庭劳动力为 2～3 人计算，家庭总收入约有 12 万～15 万元。根据实地调研，在安徽阜阳城郊地区乡村，用竹竿搭的简易大棚每亩成本 3 000～4 000 元，能用 2～3 年，用钢管搭的大棚使用寿命更久，每亩成本 8 000～10 000 元。按照每亩大棚蔬菜成本 6 000～10 000 万元，假如 100 亩种植经济作物农户每年收入 30 万～35 万元，扣除土地租金、人工费用等，净收入 20 万～30 万元。考虑经济作物费工、市场风险大，如果政府每亩能适当进行设施建设补贴和农业保险补助，农户的收入得到一定程度的保障，则外出打工的收入与返乡发展经济作物的收入差异不大，返乡发展还能照顾家庭。在权衡之下，有能力和条件的农户选择返乡发展的意愿将得到提升。

## 6.3 本章小结

（1）运用 Q 方法将淮河流域种粮农户划分为三种类型："积极发展型"（PD 型）、"消极务农型"（NF 型）以及"家庭生计型"（FS 型）。

PD 型农户具有较强的农业生产水平和土地流转能力，因此能积极调整种植决策，提高成本收益率。NF 型农户认为，未来农业发展不会具有良好的前景，受到家庭或个人需求、年龄、就业和家庭迁移到城镇等因素的影响，倾向于离农。FS 型农户发展主要受家庭生计的影响，缺乏资金来源，开拓市场和承担投资风险的能力不足。若具备合适的信贷政策、农机和技术支持、农业保险优惠等条件，将有利于 FS 型农户探索一些精细化的农业经营。

（2）通过模拟不同类型农户种植玉米的发展趋势，分析了三种类型农户的决策差异对未来玉米种植可能产生的影响。

PD 型农户对规模种植大豆政策补贴、规模种植玉米政策补贴与大豆进口量变化三个变量有显著响应，并会在政策补贴下增加玉米播种面积，而一旦出现替代作物补贴发生变化的情形，他们就会改变种植策略，投资建设利润更高的经济作物。

NF 型农户对外出务工平均日工资、家庭非劳动力人数、土地流转发展指数和政策补贴规模种植玉米的变化响应不显著，反映了他们适应政策调整能力较低的特点；对规模种植大豆政策补贴与大豆进口量变化响应显著，并在政策补贴的情况下较显著地增加种植玉米意愿。NF 型农户在情境变化下容易产生不务农的倾向，原来一家一户零散种植玉米——其他轮作作物的方式，将逐渐被统一管理的、连片经营的农田所取代。

FS 型农户对规模种植大豆政策补贴、规模种植玉米政策补贴、大豆进口量和土地流转发展指数变化四个变量有显著响应，并在追求家庭稳定收入的影响下进行流转土地的经营决策，转入的土地量增加，FS 型玉米种植也会随之增加。

综上，如果国内玉米没有价格优势，各类农户，特别是进行规模经营的 PD 型农户，会倾向于种植经济收入更高的替代作物，如蔬菜等，玉米面积总量将减少。文化程度高、对市场和政策适应能力强的 PD 型农户会逐渐取代 NF 型和 FS 型农户；随着土地流转推进，交通发达、靠近水源和地形平坦的地带，玉米种植减少更加明显。

# 7　结论与展望

　　本研究对淮河流域玉米种植演变及其主导因素进行了较全面的分析，通过基于农户的系统动力学模型，揭示了经营规模、收入构成、政策补贴、劳动力机会成本等因素变化对农户玉米种植的影响及作用路径。下面对主要研究结论进行总结，提出政策建议及研究展望。

## 7.1　主要研究结论

　　（1）1995—2015 年，淮河流域玉米种植数量显著增长；在空间布局方面，集中程度不断提高，玉米种植空间分布的变化趋势呈现适应了春夏易干旱，而规避夏秋多涝、夏季高温地区的发展态势。

　　20 年间，玉米播种面积显著增加，在豫中、豫南和鲁中、鲁南呈现较明显的增长和集中趋势，在皖西、江淮、沿海地区的玉米播种面积则有所下降。2015 年，玉米种植最多的区域面积增加到了 300千公顷以上。在空间上，连片分布在淮河流域西部和中部偏西区域。其中菏泽、商丘、周口、驻马店、南阳、阜阳和宿州 7 个城市玉米种植的连片分布格局形成，且每个地级市的玉米面积都高于 300 千公顷。对光照、温度和降水三个气候因素的分析表明，淮河流域玉米种植主要分布在夏季降水适中的地区，而夏秋多涝及生长季（7 月、8月、9 月）高温的地区，玉米种植呈现增长率较低或负增长的趋势。预测淮河流域玉米播种面积，将随着 NF 型和 FS 型农户逐渐退出农业经营而有所减少；在空间布局上，基于淮河流域降水和温度的优势，玉米种植主要优势区域仍然会以流域西部和中部偏西区域为主。

　　（2）综合应用农村固定观察点数据和农户调研数据，定量分析了影响流域尺度的玉米播种面积变化的主要影响因素及其作用强度。亩均劳动力投入对玉米播种面积的影响由正转负；玉米销售收入、家庭经营耕地面积和区域机耕机播比例对玉米播种面积的促进作用增加；家庭工资性收入的增加与玉米播种面积存在稳定显著的负相关关系。

1995—2015 年，淮河流域粮食种植的土地量和资本投入、农民人均收入等得到较好发展，对比全国平均水平有一定的优势，主要体现在农业劳动力数量以及农业机械投入上；但 2010 年以来，淮河流域的非农产业发展落后，对农业的支持支撑不足、农业劳动力数量优势下降、机械替代人工劳动有待升级、亩均产量优势减弱、玉米利润下降等问题日渐凸显，对农户种植玉米的积极性产生影响。对玉米种植的影响因素分析发现，亩均劳动力投入对玉米面积的影响由正转负；玉米销售收入、家庭经营耕地面积和区域机耕机播比例对玉米面积增长的促进作用增加；家庭工资性收入的增加与玉米面积存在稳定显著的负相关关系。1995—2005 年，玉米亩均投工量和亩均投工折价的下降、机械化水平的提高和玉米在产量上的优势等 3 个主要因素导致了玉米播种面积的增加；2005—2010 年，则是成本利润率的比较优势带动了玉米种植的快速增加；2010 年后，玉米种植成本增加和收入的减少削弱了农户种植玉米的积极性，2010—2015 年，人工投入超过市场价格的影响，成为第一驱动力推动农户选择种植玉米。随着农业劳动力不断外流，户均经营面积增加，土地从每家每户的分散经营逐渐向连片经营发展，空间上的连片也会促使机械化种植玉米得到发展。

（3）随着不同经营主体类型的分化和土地流转的推进，交通发达、靠近水源和地形平坦地带，玉米种植会有所减少，并且在城郊附近地带的减少最为显著。只有充分尊重追求个人或家庭效用最大化的农户的选择，玉米种植的引导和调整政策才可能取得预期成效。

淮河流域玉米种植户可分为积极发展型（PD 型）、消极务农型（NF 型）以及家庭生计型（FS 型）三类。其中，PD 型农户为新型经营主体的代表，规模经营能力最强，关注农业资讯和粮食的销售，重视绿色生产；NF 型农户以中老年、妇女、高学历的年轻群体为代表，他们重视土地的可持续生产力，对合作社模式的经营方式最认可；FS 型农户的家庭中，壮年劳动力通常为了照顾孩子，外出务工受到一定的限制，他们并不认为务农劳动成本高，但却希望下一代能脱离农业，这个类型的农户不偏向发展规模经营，而倾向以经济作物代替粮食作物。区域的自然条件、交通便利程度和发展农业的基础对农户经营方式的选择有很大影响，应根据这些具体条件提供合适的政策引导和扶持。土地流转、规模化经营及科学的管理，是农业发展的方向，土地流转的良好环境对新型农业经营主体有重要意义；而资金不足是现阶段制约规模经营的最重要因素。

不同区位中，位于城郊附近的农户离农倾向最高；丘陵山区地带农户种植玉米的意愿是最高的；在交通便利、河流湖泊和地形平坦的地带，新型生态农业、蔬菜大棚和果园的发展规模会有不同程度的增加。在交通便利、河流湖泊和丘陵山区地带，玉米种植补贴政策对农户种植作物类型的选择影响不大；但对规模化种植的农户而言，较好的政策补贴能起到减少经营风险的作用，增加其选择种植玉米的意愿。未来，土地流转的推进和农户对多种经营方式的探索将影响淮河流域的玉米种植布局，特别是在城郊附近地带，一家一户散种（规模经营 1~10 亩）的模式将逐渐消失；资金与技术将成为影响普通玉米种植户（经营规模 10~50 亩）收益的主要因素，他们很有可能选择种植经济作物；玉米种植大户（经营规模大于 50 亩）在适当的政策推动下，将较好地推进区域粮食种植的规模经营。

## 7.2 政策建议

研究表明，随着淮河流域种粮农户的结构分化，有必要对不同特征的农户提供相应的政策扶持，在推进粮食的供给侧结构性改革的机遇中，实现种粮农民转型，促使农民增收。

（1）营造良好的规模经营环境，促进积极发展型农户在区域内发挥领头作用，带动区域专用玉米和订单玉米生产的发展。

根据《全国优势农产品区域布局规划（2008—2015 年)》，我国玉米优势区发展方向是"玉米精深加工附加值大幅提高，专用玉米订单生产比例达到 30％"。回顾 1995—2015 年，作为种植优势区，淮河流域虽然户均实际经营面积逐渐增加，但基本上每个家庭拥有的土地面积变化不大。随着土地流转集中，集约型农业、机械化农业和新型农业是大势所趋。研究表明，土地流转的良好环境对新型农业经营主体（PD 型）有重要意义，但规模越大，经营农业存在的风险越大。因此，在政策上，发挥领导组织能力进行整体建设，各项补贴"从一个水管里出水"能有载体，通过鼓励新型农业经营主体的科学经营，着重提高土地流转环境营造的针对性和种粮补贴资金的集中性。

（2）加强特色作物、经济作物的技术培训，提升农户技能，对有发展潜力的农户适当提供创业资金补助，促进家庭生计型农户转型升级。

区域自然条件仍然对作物优势品种起着基础性的限制作用，如地势平坦和水热条件适宜的区域比其他区域发展规模化种植和种粮收入水平都更好，但随着栽培技术和育种技术的推广，市场因素的区域差异对种植的调节作用越发显著。由于 FS 型农户对政策的评价最高，特别关注直接与其经济收入相关的政策；通过贷款、村民入股等方式进行筹资，对农户在城郊附近地带选择经营新型农业生态园有重要的鼓励作用。因此，可以抓住家庭生计型农户愿意留在农村发展的特点，制定相关激励机制，以提供补贴为杠杆，鼓励农户接受新技术培训，着力加强对这一批有潜力的农民种田的科学指导，构建区域粮食现代生产体系和服务体系，帮助曾经的小农户发展成新型农民，让农民作为一种职业，能带来自豪感。

（3）深刻地认识土地对淮河流域老一辈农民的重要意义，创新土地收益分红机制，确保离农的农民在出让土地经营权后也能通过农业合作的平台发挥余热，并享有合理的收益权。

根据第三次全国农业普查数据，我国小农户数量占到农业经营主体的98%以上，小农户从业人员占农业从业总人员的90%，小农户经营耕地面积占总耕地面积的70%。应该切实保护他们的土地承包权、集体收益分配权，激发其生产经营的积极性、主动性、创造性，使他们成为发展现代农业的积极参与者和直接受益者。NF型农户有较强的流转出土地意愿，对合作经营方式认可程度最高。通过支持合作社与交易市场、大型连锁超市等机制设置和政府监管，连接起农户和运营者的利益，积极引导这一类型的农户，以土地经营权入股形式兴办股权专业合作社推动农村资源变资本，推动土地流转。

（4）处理好经济效益与生态效益的关系，加强玉米种植的气候和地形适宜性评估，推广抗旱、优质、专用玉米品种，多层面协调共同发力推进淮河流域粮食供给侧的结构优化。

当前我国粮食生产不仅存在供应量的错位问题，还存在供给质量安全、生产环境可持续发展、经营主体更新换代、区域内部竞争等方面的问题。重点研发经济作物、养殖业、丘陵山区适用机具和设施装备，推广应用实用轻简型装备和技术，多层面提供政策扶持。除了强调生产补贴，还要积极挖掘淮河流域特色的和深厚的生态功能、景观功能、文化传承功能等。把淮河流域这些功能体现出来，推动粮食生产链条的延伸，真正促进粮食种植增效、种粮农民生活富裕、粮食主产地区乡村面貌提升的全面发展。

## 7.3　研究展望

由于多方面的原因，本研究还存在一定的不足之处。由于时间和篇幅的限制，在SD模型中对玉米种植户采用不同品种、不同销售时机售粮以及国际贸易战争等可能对玉米种植决策产生的影响未能加以分析和研究。

（1）调研发现，农户对农业发展问题的看法，从表面上看上去都差不多，例如，都很认同国家的农业政策，认为绿色生产很有必要等。然而具体的行为表现却有所不同，这证明，导致农户行为差异的深层原因并不一样。农民的生计天然地与土地相结合，由于拥有土地的缘故，某些种粮农户认为将来不需要依赖子女生活，但若是没有了土地的预期收入后，会对当下的行为产生什么影响？这些问题值得我们进一步思考。

（2）把区域问题聚焦到人的行为问题上来看，同时充分考虑各地资源禀赋、经济社会发展和农林牧渔产业差异，顺应小农户分化趋势，有利于我们探索不同类型小农户发展的路径，发挥农户主体在稳定农村就业、传承农耕文化、塑造乡村社会结构、保护农村生态环境等方面的重要作用。进一步发挥农业的多种功能，体现乡村的多重价值，最终为实施乡村振兴战略汇聚起雄厚的群众力量。对农村和农业的研究绝对不能忽略农民意愿的表达；在设计农民问卷调研的时候，不少农户研究最后却成为了指标研究。这些研究都需要进一步深入。

新形势下，不仅是区域种植业，包括乡村文化、农民生活方式等方面，都很需要补充农户意愿影响机制的研究，这些研究将有助于新农人抓住乡村振兴的根本、开拓乡村振兴的思路。

# 参 考 文 献

常伟，张雪婷，2017. 新生代农民工定居意愿研究：基于安徽的经验分析 [J]. 统计与决策 (3)：121-123.

陈阜，赵明，2018. 作物栽培与耕作学科发展 [J]. 农学学报，8 (1)：50-54.

陈国卫，金家善，耿俊豹，2012. 系统动力学应用研究综述 [J]. 控制工程，19 (6)：5-12.

陈小凤，王再明，胡军，等，2013. 淮河流域近 60 年来干旱灾害特征分析 [J]. 南水北调与水利科技，11 (6)：20-24.

陈秧分，王国刚，孙炜琳，2018. 乡村振兴战略中的农业地位与农业发展 [J]. 农业经济问题 (1)：20-26.

陈秧分，钟钰，刘玉，等，2014. 中国粮食安全治理现状与政策启示 [J]. 农业现代化研究，35 (6)：690-695.

陈依霓，2010. 以 Q 方法探索台湾与森林有关之环境教育概念隐含构念 [D]. 台北：台湾师范大学环境教育研究所.

储德义，2012. 红线约束下的淮河流域水资源利用现状与未来 [J]. 治淮 (7)：4-6.

邓国清，2018. 中国粮食供给侧结构性改革研究 [D]. 武汉：武汉大学.

丁忠义，郝晋珉，李新波，等，2005. 农业产业结构调整中土地利用结构及其与粮食产量关系分析——以河北省曲周为例 [J]. 资源科学 (4)：95-99.

樊新生，李小建，2008. 欠发达地区农户收入的地理影响分析 [J]. 中国农村经济 (3)：16-23，49.

盖梦迪，杨海娟，李飞，等，2018. 基于产业分类的农户生计与生计产出关系探究——以西安市城郊乡村为例 [J]. 中国农业资源与区划，39 (5)：200-207.

高超，刘青，苏布达，等，2013. 不同尺度和数据基础的水文模型适用性评估研究——淮河流域为例 [J]. 自然资源学报，28 (10)：1 765-1 777.

高超，张正涛，陈实，等，2014.RCP4.5 情境下淮河流域气候变化的高分辨率模拟 [J]. 地理研究，33 (3)：467-477.

高继卿，杨晓光，董朝阳，等，2015. 气候变化背景下中国北方干湿区降水资源变化特征分析 [J]. 农业工程学报，31 (12)：99-110.

高军波, 刘彦随, 张永显, 2016. 1990—2012 年淮河流域粮食生产的时空演进及驱动机制 [J]. 水土保持通报, 36 (3): 179 - 185.

高梦滔, 姚洋, 2006. 农户收入差距的微观基础: 物质资本还是人力资本 [J]. 经济研究 (12): 71 - 80.

葛道阔, 曹宏鑫, 张利华, 等, 2012. WCSODS 中小麦生育期模型在淮河流域旱涝胁迫环境下的改进 [J]. 江苏农业学报, 28 (4): 722 - 727.

郭慧敏, 乔颖丽, 2012. 农户发展退耕还林后续产业意愿的影响因素实证分析 [J]. 农业经济 (8): 86 - 89.

郭玲霞, 张勃, 封建民, 等, 2014. 干旱区农户作物选择及农作物空间格局变化模拟研究——以甘肃省高台县为例 [J]. 资源科学, 36 (10): 2194 - 2202.

郭媛, 2010. 气候变化与淮河流域自然生态系统: 影响、脆弱性和适应性. 中国气象学会. 第 27 届中国气象学会年会应对气候变化分会场——人类发展的永恒主题论文集 [C]: 19.

郝海广, 李秀彬, 张继平, 2013. 北方生态脆弱区农户兼业对耕地利用的影响 [J]. 资源与生态学报英文版, 4 (1): 70 - 79.

何春阳, 史培军, 陈晋, 等, 2005. 基于系统动力学模型和元胞自动机模型的土地利用情境模型研究 [J]. 中国科学 (D 辑: 地球科学), 35 (5): 464 - 473.

何良友, 1986. 对苏南农村粮食规模经营的认识和实践 [J]. 农业技术经济 (7): 29 - 32.

胡豹, 卫新, 王美青, 2005. 影响农户农业结构调整决策行为的因素分析——基于浙江省农户的实证 [J]. 中国农业大学学报 (社会科学版), 5 (2): 50 - 56.

胡莉莉, 牛叔文, 马莉, 等, 2011. 基于面板数据模型的中国农业生产用能与农业经济增长关系 [J]. 农业工程学报, 27 (6): 1 - 6.

胡小平, 郭晓慧, 2010. 2020 年中国粮食需求结构分析及预测——基于营养标准的视角 [J]. 中国农村经济 (6): 4 - 15.

胡韵菲, 尤飞, 栗欣如, 2016. 淮河流域农业生产水平与资源环境协调度评价研究 [J]. 农业现代化研究, 37 (3): 437 - 443.

胡振虎, 2008. 要 "喷头" 还是 "漏斗"? ——基于 Q 方法的财政支农资金整合研究 [J]. 全国中青年农业经济学者年会: 74 - 83.

黄茹, 2015. 淮河流域旱涝急转事件演变及应对研究 [D], 北京: 中国水利水电科学研究院.

黄宗智, 1986. 略论华北近数百年的小农经济与社会变迁——兼及社会经济史研究方法

［J］. 中国社会经济史研究（2）：9－15，8.

吉尔伯特·奈杰尔，2012. 基于行动者的模型［M］. 盛智明，译. 上海：格致出版社，
　　上海人民出版社.

江龙，黄诗峰，金菊良，等，2014. 基于 GIS 的安徽省淮河流域 1978 年历史大旱模拟
　　与评估［J］. 水电能源科学，32（6）：1－4.

姜长云，2012. 中国粮食安全的现状与前景［J］. 经济研究参考（40）：12－35.

金小霞，孙燕，李超，等，2014. 淮河流域近 50 年降水异常及其大尺度环流特征［J］.
　　长江流域资源与环境，23（5）：609－616.

康云海，1998. 农业产业化中的农户行为分析［J］. 农业技术经济（1）：7－12.

赖纯佳，2010. 淮河流域农业种植制度的气候风险评估［D］. 广州：广州大学.

李凤廷，侯云先，胡会琴，2013. 粮食生产核心区建设中的粮食物流运作模型——基于
　　供需双重驱动的视角［J］. 中国流通经济，27（5）：35－41.

李富佳，董锁成，李荣生，2012. 基于 EA－SD 模型的生态农业系统模拟与优化调
　　控——以平凉市崆峒区为例［J］. 地理研究，31（5）：840－852.

李娟，武舜臣，2016. 主产区农户粮食供给反应差异研究——基于粮食品种和农户非农
　　收入视角的分类比较［J］. 湖南农业大学学报（社会科学版），17（5）：8－13.

李立军，2004. 中国耕作制度近 50 年演变规律及未来 20 年发展趋势研究［D］. 北京：
　　中国农业大学.

李录堂，1999. 农户分类管理持续激励机制研究［J］. 科技导报（11）：32－35.

李欠男，2017. 中国玉米生产空间布局变化及其驱动因素的实证研究［D］. 武汉：华中
　　农业大学.

李文娟，尤飞，王秀芬，等，2018. 粮食生产与需求：影响因素及贡献份额［M］. 北
　　京：中国农业科学技术出版社.

李秀菊，2012. 试论淮河流域水资源保护的意义［J］. 河南水利与南水北调（12）：
　　20－21.

李忠峰，蔡运龙，2007. 中国粮食问题的分析［J］. 安徽农业科学（31）：10123－
　　10125.

梁书民，孟哲，白石，2008. 基于村级调查的中国农业种植结构变化研究［J］. 农业经
　　济问题（S1）：26－31.

林善浪，2000. 农村土地规模经营的效率评价［J］. 当代经济研究（2）：37－43.

刘浩然，2018. 社会科学比较研究方法：发展、类型与争论［J］. 国外社会科学（1）：
　　122－133.

刘鹏凌，栾敬东，2004. 安徽省粮食补贴方式改革效果的调查与分析 [J]. 农业经济问题 (9)：16-19，79.

刘帅，钟甫宁，2011. 实际价格、粮食可获性与农业生产决策——基于农户模型的分析框架和实证检验 [J]. 农业经济问题，32 (6)：15-20.

刘洋，王占海，姜文来，等，2013.1956—2009 年东北地区热量资源时空变化特征分析 [J]. 中国农业资源与区划，34 (2)：12-19.

刘迎君，2017. 禀赋特质、农民工回流创业与地域分层意愿 [J]. 贵州社会科学 (3)：133-140.

刘忠，黄峰，李保国，2013.2003—2011 年中国粮食增产的贡献因素分析 [J]. 农业工程学报，29 (23)：1-8.

柳岩，吴晓艳，朱绪荣，2012. 中国粮食生产核心区战略地位分析 [J]. 科技与经济，25 (4)：35-39.

陆岐楠，张崇尚，仇焕广，2017. 农业劳动力老龄化、非农劳动力兼业化对农业生产环节外包的影响 [J]. 农业经济问题，38 (10)：27-34.

卢勇，2008. 明清时期淮河水患与生态、社会关系研究 [D]. 南京：南京农业大学.

卢勇，王思明，郭华，2007. 明清时期黄淮造陆与苏北灾害关系研究 [J]. 南京农业大学学报 (社会科学版)，7 (2)：78-81.

逯志刚，王志彬，2011. 农户种粮行为分类及其影响因素研究——基于农户选择行为视角 [J]. 广东农业科学，38 (22)：207-208.

罗其友，马力阳，高明杰，等，2018. 县域农业资源承载力评价预警系统构建初探 [J]. 中国农业资源与区划，39 (2)：1-7.

罗其友，伦闰琪，杨亚东，等，2019. 我国乡村振兴若干问题思考 [J]. 中国农业资源与区划，40 (2)：1-7.

罗竖元，2017. 农民工市民化意愿的模式选择：基于返乡创业的分析视角 [J]. 南京农业大学学报：社会科学版，17 (2)：70-81.

罗文辉，1986.Q 方法的理论与应用 [J]. 新闻学研究 (1)：45-71.

麻吉亮，2018. 农户兼业化对粮食生产决策的影响：以玉米为例 [J]. 山西农业大学学报 (社会科学版)，17 (5)：27-33.

马瑟 A S，1991. 土地利用 [M]. 国家土地管理局土地利用规划司，译. 北京：中国财政经济出版社：248.

马育良，2012. 清代皖西引种玉米甘薯史实及其检讨 [J]. 皖西学院学报，28 (1)：29-34.

马志雄，丁士军，2013. 基于农户理论的农户类型划分方法及其应用 [J]. 中国农村经济 (4)：28-38.

马忠玉，肖宏伟，2017. 中国区域 PM2.5 影响因素空间分异研究——基于地理加权回归模型的实证分析 [J]. 山西财经大学学报，39 (5)：14-26.

聂贵芳，李林武，季晓坤，2018. 云南省西北地区农户购买玉米种的行为调查研究 [J]. 河南农业 (17)：58-61.

欧阳进良，宋春梅，宇振荣，等，2004. 黄淮海平原农区不同类型农户的土地利用方式选择及其环境影响——以河北省曲周县为例 [J]. 自然资源学报，19 (1)：1-11.

庞瑞秋，腾飞，魏冶，2014. 基于地理加权回归的吉林省人口城镇化动力机制分析 [J]. 地理科学，34 (10)：1210-1217.

彭荣胜，2012. 区域协调发展战略下的淮河流域经济空间开发研究 [J]. 生态经济 (5)：53-57，87.

覃志豪，唐华俊，李文娟，2015. 气候变化对我国粮食生产系统影响的研究前沿 [J]. 中国农业资源与区划，36 (1)：1-8.

任志安，陈博文，2018. 基于生态效率的淮河流域绿色发展困境及其破解对策研究 [J]. 资源与产业，20 (5)：16-27.

申守业，1986. 机械化家庭农场的出现与发展前景 [J]. 农业技术经济 (11)：31-32.

舒尔茨·威廉·西奥多，2007. 改造传统农业 [M]. 梁小民，译. 北京：商务印书馆：32.

苏若林，唐世平，2012. 相互制约：联盟管理的核心机制 [J]. 当代亚太 (3)：5-38.

孙艳，石志恒，孙鹏飞，2019. 规模经营能否提高种植大户的经营效率——以甘肃玉米种植大户为例 [J]. 中国农业资源与区划，40 (3)：78-84.

谈迎新，于忠祥，2012. 基于 DSR 模型的淮河流域生态安全评价研究 [J]. 安徽农业大学学报（社会科学版），21 (5)：35-39.

唐娟，蔡洪梅，陈晓伟，2013. 淮河流域一次暴雨过程的成因分析 [J]. 广东气象，35 (4)：20-24.

田朝凤，2013. 浅析 GIS 技术在淮河河道现代化管理中的应用 [J]. 治淮 (9)：56，57.

王春超，2009. 中国农户就业决策行为的发生机制——基于农户家庭调查的理论与实证 [J]. 管理世界 (7)：93-102.

王慧敏，刘新仁，徐立中，2001. 流域可持续发展的系统动力学预警方法研究 [J]. 系统工程.

王俊清，2010. 明清时期淮河流域水灾与城市变迁 [D]. 郑州：郑州大学.

王南江，张立争，李卫东，2005. 淮河流域非点源污染治理对策研究 [C]. 中国水利学会，水利部淮河水利委员会. 青年治淮论坛论文集：5.

王晓东，马晓群，许莹，等，2013. 淮河流域主要农作物全生育期水分盈亏时空变化分析 [J]. 资源科学，35 (3)：665-672.

王性玉，任乐，赵辉，2016. 社会资本对农户信贷配给影响的分类研究——基于河南省农户的数据检验 [J]. 经济问题探索 (9)：172-181.

王玉斌，华静，2016. 信息传递对农户转基因作物种植意愿的影响 [J]. 中国农村经济 (6)：71-80.

翁贞林，2010. 农户稻作经营行为：理论与实证 [M]. 北京：中国农业出版社.

吴芳，2013. 社会科学中的定性与定量 [J]. 学理论 (8)：25-29.

吴玉鸣，李建霞，2006. 基于地理加权回归模型的省域工业全要素生产率分析 [J]. 经济地理，26 (5)：748-752.

夏敏，林庶民，郭贯成，2016. 不同经济发展水平地区农民宅基地退出意愿的影响因素——以江苏省7个市为例 [J]. 资源科学，38 (4)：728-737.

夏明江，1989. 农业规模经营配套研究 [M]. 武汉：武汉工业大学出版社.

肖建中，2013. 浅谈平舆县玉米收获机械化发展存在的问题 [J]. 农业与技术，33 (8)：22.

许建玉，王艳杰，2013. 基于ERA Interim资料的2003年淮河流域梅雨期水汽收支分析 [J]. 暴雨灾害，32 (4)：324-329.

颜廷武，张童朝，何可，等，2017. 作物秸秆还田利用的农民决策行为研究——基于皖鲁等七省的调查 [J]. 农业经济问题，38 (4)：39-48.

杨璐嘉，2012. 农户兼业对耕地利用效率的影响研究 [D]. 成都：四川农业大学.

杨忍，刘彦随，陈玉福，等，2013. 环渤海地区耕地复种指数时空变化遥感反演及影响因素探测 [J]. 地理科学，33 (5)：588-593.

杨尚威，2011. 中国小麦生产区域专业化研究 [D]. 重庆：西南大学.

杨志勇，袁喆，马静，等，2013. 近50年来淮河流域的旱涝演变特征 [J]. 自然灾害学报，22 (4)：32-40.

杨宗辉，蔡鸿毅，陈珏颖，等，2018. 我国玉米生产空间布局变迁及其影响因素分析 [J]. 中国农业资源与区划，39 (12)：169-176.

叶志标，李文娟，2017. 基于埃塔平方法 ($\eta^2$) 的中国小麦生产驱动因素贡献份额研究 [J]. 中国农业资源与区划，38 (6)：63-70.

虞洪，2016. 种粮主体行为变化对粮食安全的影响及对策研究 [D]. 成都：西南财经大学.

于曦颖，陈云林，2010. Q 方法论探析 [J]. 自然辩证法通讯，32 (5)：15 - 20，113 -
　　115，126.

余强毅，2013. 基于农户决策的农业土地系统变化模型研究 [D]. 北京：中国农业科
　　学院.

余强毅，吴文斌，唐华俊，等，2011. 复杂系统理论与 Agent 模型在土地变化科学中的
　　研究进展 [J]. 地理学报，66 (11)：1518 - 1530.

袁喆，杨志勇，郑晓东，等，2012. 近 50 年来淮河流域降水时空变化特征分析 [J]. 南
　　水北调与水利科技，10 (2)：98 - 103.

张波，虞朝晖，孙强，等，2010. 系统动力学简介及其相关软件综述 [J]. 环境与可持
　　续发展，35 (2)：1 - 4.

张波，袁永根，2010. 系统思考和系统动力学的理论与实践——科学决策的思想、方法
　　和工具 [M]. 北京：中国环境科学出版社 .

章德宾，项朝阳，康国光，2018. 黄淮海设施蔬菜主产区农户决策效率研究 [J]. 中国
　　农村观察，2：88 - 96.

张力菠，韩玉启，陈杰，等，2005. 供应链管理的系统动力学研究综述 [J]. 系统工程，
　　23 (6)：8 - 15.

张利平，夏军，胡志芳，2009. 中国水资源状况与水资源安全问题分析 [J]. 长江流域
　　资源与环境，18 (2)：116 - 120.

张莉，吴文斌，杨鹏，等，2013. 黑龙江省宾县农作物格局时空变化特征分析 [J]. 中
　　国农业科学，46 (15)：3227 - 3237.

张凌宇，刘兆刚，董灵波，2018. 运用地理加权泊松模型估测天然次生林枯损量分布
　　[J]. 东北林业大学学报，46 (1)：45 - 51.

张明杨，陈超，谭涛，等，2014. 中国农户玉米播种面积决策的影响因素分析 [J]. 南
　　京农业大学学报（社会科学版），14 (3)：37 - 43.

张瑞虎，2012. 洪泽湖的成因及其水灾治理 [J]. 农业灾害研究，2 (3)：72 - 75.

张汪寿，苏静君，杜新忠，等，2015. 1990—2010 年淮河流域人类活动净氮输入 [J].
　　应用生态学报，26 (6)：1831 - 1839.

张耀军，任正委，2012. 基于地理加权回归的山区人口分布影响因素实证研究——以贵
　　州省毕节地区为例 [J]. 人口研究，36 (4)：53 - 63.

赵德雷，乐国安，2003. Q 方法论述评 [J]. 自然辩证法通讯，25 (4)：34 - 39.

赵永南，邵斌，许明，2016. 关于农民种植意愿影响因子转换的探讨 [J]. 价格理论与

实践（4）：157-159.

钟甫宁，邢鹂，2003. 我国种植业生产结构调整与比较优势变动的实证分析［J］. 农业现代化研究，24（4）：260-263.

周凤华，王敬尧，2006. Q方法论：一座沟通定量研究与定性研究的桥梁［J］. 武汉大学学报（哲学社会科学版），59（3）：401-406.

周述学，黄春生，张晓红，等，2010.2007年淮河流域雨季环流影响系统及天气特征分析［C］. 中国气象学会年会副热带季风与气候变化分会场：10.

周应华，朱守银，罗其友，等，2018. 英国农村区域协调发展的经验与启示［J］. 中国农业资源与区划，39（8）：272-279.

周振亚，罗其友，刘洋，等，2017. 中国农业供给侧结构性改革探讨［J］. 中国农业资源与区划，38（12）：21-25.

周志强，王飞，2005. 淮河流域水污染成因及防治对策探讨［J］. 中国水利（22）：24-26.

竺三子，2015. 安徽省玉米生产布局变迁及优化研究［D］. 合肥：安徽农业大学.

朱正业，2005. 近十年来淮河流域经济史研究述评［J］. 社会科学战线（6）：255-259.

朱正业，杨立红，2010. 民国时期铁路对淮河流域经济的驱动（1912—1937）［J］. 福建论坛（人文社会科学版）（10）：103-107.

钟新科，2012. 中国玉米生产潜力空间格局动态及其气候驱动力研究［D］. 北京：中国科学院研究生院.

宗培书，王会军，2012.regcm3对中国淮河流域降水模拟能力的检验及分析［J］. 气象学报，70（2）：253-260.

邹桂英，2011. 淮河流域高癌区水体 $NO_3^- - N$ 和 $NO_2^- - N^-$ 时空变化及来源［D］. 开封：河南大学.

左其亭，2007. 人水系统演变模拟的嵌入式系统动力学模型［J］. 自然资源学报，22（2）：268-274.

Addams H, Proops J, Van Eeten M, et al. , 2000. Social discourse and environmental policy: An application of Q Methodology［J］. Books：17.

Ajzen I, 1991. The theory of planed behavior［J］. Organization behavior and human decision processes, 2（50）：179-211.

Ajzen I, 2010. Perceived behavioral control, self-efficacy, locus of control, and the theory of planned behavior［J］. Journal of Applied Social Psychology, 32（4）：665-683.

Arfa N. B, Daniel K, Jacquet F, et al. , 2015. Agricultural policies and structural change in french dairy farms: A nonstationary markov model [J]. Canadian Journal of Agricultural Economics, 63 (1): 19 – 42.

Attard E, Le Roux X, Charrier X, et al. , 2016. Delayed and asymmetric responses of soil C pools and N fluxes to grassland/cropland conversions [J]. Soil Biology and Biochemistry, 97: 31 – 39.

Attia A, Shapiro C, Kranz W, et al. , 2015. Improved yield and nitrogen use efficiency of corn following soybean in irrigated sandy loams [J]. Soil Science of Society of American Journal, 79 (6): 1693 – 1703.

Aubry C, Papy F, Capillon A, 1998. Modelling decision-making processes for annual crop management [J]. Agricultural System, 56 (1): 45 – 65.

Bandiera O, Rasul I, 2006. Social networks and technology adoption in Northern Mozambique [J]. Economic Journal, 116 (514): 869 – 902.

Bassey N E, Akpaeti A J, Udo U J, 2014. Labour choice decisions among cassava crop farmers in Akwa Ibom State, Nigeria [J]. International Journal of Food and Agricultural Economics, 2 (3): 145 – 156.

Bateman I J, Harwood A R, Mace G M, et al. , 2013. Bringing ecosystem services into economic decision-making: Land Use in the United Kingdom [J]. Science, 341 (6141): 45 – 50.

Bogaerts T W I P, 2002. The roles of land and ministration in the accession of central european countries to the European Union [J]. Land Use Policy, 1 (19): 29 – 46.

Bouma J, 2016. The importance of validated ecological indicators for manure regulations in the netherlands [J]. Ecological Indicators, 66: 301 – 305.

Brodt S, Klonsky K, Tourte L, 2006. Farmer goals and management styles: Implications for advancing biologically based agriculture [J]. Agricultural System, 89 (1): 90 – 105, 92.

Brown S R, 1980. Political subjectivity: Applications of Q methodology in political science [M]. London: New Haven Press.

Burton R J F, Wilson G A, 2006. Injecting social psychology theory into conceptualisations of agricultural agency: Towards a post-productivist farmer self-identity? [J]. Journal of Rural Studies, 22 (1): 95 – 115.

Chai A, Nov A V, Thorner D, et al. , 1966. A. V. Chayanov on the theory of peasant economy [M]. Madison：University of Wisconsin Press.

Cook R L，Trlica A，2016. Tillage and fertilizer effects on crop yield and soil properties over 45 years in Southern Illinois [J]. Journal of Agronomy and Crop Science，108 (1)：415 – 426.

Crowder D W，Northfield T D，Strand M R，et al. ，2010. Organic agriculture promotes evenness and natural pest control [J]. Nature，466 (7302)：109 – 123.

Dodd W，Humphries S，Patel K，et al. ，2017. The internal migration-development nexus：Evidence from southern India [J]. Asian and Pacific Migration Journal，26 (1)：56 – 83.

Dogliotti S，Rossing W A H，Van Ittersum M K，2003. ROTAT，a tool for systematically generating crop rotations [J]. European Journal of Agronomy，19 (2)：239 – 250.

Dorward A，2006. Market and pro-poor agricultural growth：Insights from livehood and informal rural economy models in Malawi [J]. Agricutural Economics (35)：157 – 169.

Dury J，Schaller N，Garcia F，et al. ，2012. Models to support cropping plan and crop rotation decisions [J]. Agronomy Sustainable Development，32 (2)：567 – 580.

Edward T J，Yunez-Naude A，Dyer G，1999. Agricultural price policy，employment，and migration in A diversified rural economy：A village-town CGE anylysisi from Mexico [J]. American Journal of Agricutural Economics (81)：653 – 662.

Ellis F，1988. Peasant Economics [M]. Cambridge：Cambridge University Press.

Fairweather J，1995. Dilemmas and decisions over on or off-farm work [J]. Rural Society，5 (1)：6 – 19.

Fairweather J R，Keating N C，1994. Goals and management styles of New Zealand farmers [J]. Agricultural System，44 (2)：181 – 200.

Featherstone A M，Moghnieh G A，Goodwin B K，1995. Farm-level nonparametric analysis of cost-minimization and profit-maximization behavior [J]. Agricutural Economics，13 (2)：109 – 117.

Fedoroff N V，Battisti D S，Beachy R N，et al. ，2010. Radically rethinking agriculture for the 21st century [J]. Science，327 (5967)：833 – 834.

Finley A O，Dbjr K，2006. Thoureau，Muir，and Jane Doe：different types of private forest owners need different kinds of forest management [J]. Northern Journal of Applied Forestry, 23 (1): 27 – 34.

Fischer R A, 2015. Definitions and determination of crop yield, yield gaps, and of rates of change [J]. Field Crops Research, 182: 9 – 18.

Foley J A, Ramankutty N, Brauman K A, et al. , 2011. Solutions for a cultivated planet [J]. Nature, 478 (7369): 337 – 342.

Forrester J W, 1968. Principle Soft Systems [M]. Cambridge: Wrright-Allen Press, Ine.

Foster A D, Rosenzweig M R, 1995. Learning by doing and learning from others: Human capital and technical change in agriculture [J]. Journal of Political Economy, 103 (6): 1176 – 1209.

Foster A D, Rosenzweig M R, 2010. Microeconomics of technology adoption [J]. Annual Review of Economics, 2: 395 – 424.

Francisco S R, Ali M, 2006. Resource allocation tradeoffs in Manila's peri-urban vegetable production systems: An application of multiple objective programming [J]. Agricultural System, 87 (2): 147 – 168.

Garforth C, Rehman T, 2006. Research to understand and model the behaviour and motivations of farmers in responding to policy changes (England) [R].

170. Gasson R, 1973. Goals and values of farmers [J]. Jagr Econ, 3 (24): 521 – 537.

Giller K E, Tittonell P, Rufino M C, et al. , 2011. Communicating complexity: Integrated assessment of trade-offs concerning soil fertility management within African farming systems to support innovation and development [J]. Agricultural System, 104 (2SI): 191 – 203.

Gillson L, 2009. Landscapes in Time and Space [J]. Landscape Ecol, 24 (2): 149 – 155.

Hamzei J, Seyyedi M, 2016. Energy use and input-output costs for sunflower production in sole and intercropping with soybean under different tillage systems [J]. Soil and Tillage Research, 157: 73 – 82.

Hermans F, Kok K, Beers P J, et al. , 2012. Assessing sustainability perspectives in rural innovation projects using Q-Methodology [J]. Sociologia Ruralis, 52 (1): 70 – 91.

Houet T, Loveland T R, Hubert-Moy L, et al. , 2010. Exploring subtle land use and land cover changes: A framework for future landscape studies [J]. Landscape Ecol,

25 (2): 249 - 266.

Houet T, Schaller N, Castets M, et al. , 2014. Improving the simulation of fine-resolution landscape changes by coupling top-down and bottom-up land use and cover changes rules [J]. Int J Geogr Inf SCI, 28 (9): 1848 - 1876.

Houet T, Verburg P H, Loveland T R, 2010. Monitoring and modelling landscape dynamics. Landscape Ecol, 25 (2): 163 - 167.

Howley P, 2013. Examining farm forest owners' forest management in Ireland: The role of economic, lifestyle and multifunctional ownership objectives [J]. Jenviron Manage, 123: 105 - 112.

Ikegami A, 2015. Decreasing agricultural competitiveness and related policies in China [J]. Journal of Rural Economics, 87 (1): 73 - 82.

Irwin E G, Isserman A M, Kilkenny M, et al. , 2010. A century of research on rural development and regional issues [J]. American Journal of Agricultural Economics, 92 (2): 522 - 553

Johnson D G, 1993. Role of agriculture in economic development revisited [J]. Agr Econ-Blackwell, 8 (4): 421 - 434.

Josephine P, Barbara P, Fiona H M, 2007. Q-Methodology and rural research [J]. Sociologia Ruralis, 47 (2): 135 - 147.

Just R E, Zilberman D, 1983. Stochastic structure, farm size and technology adoption in developing agriculture [J]. Oxford Economic Papers, 35 (2): 307 - 328.

Kendra A, Hull R B, 2005. Motivations and behaviors of new forest owners in virginia [J]. Forest SCI, 51 (2): 142 - 154.

Koenig D, W. Moseley L G E, 2008. Rural development is more than commodity production: cotton in the farming system of kita, Mali. Hanging by a Thread: Cotton, Globalization, and Poverty in Africa. Athens: Ohio University Press, 177 - 205.

Komarek A M, McDonald C K, Bell L W, et al. , 2012. Whole-farm effects of livestock intensification in smallholder systems in Gansu, China [J]. Agricultural System, 109: 16 - 24.

Lamprinopoulou C, Renwick A, Klerkx L, et al. , 2014. Application of an integrated systemic framework for analysing agricultural innovation systems and informing innovation policies: Comparing the dutch and scottish agrifood sectors [J]. Agricultural System, 129: 40 - 54.

Li D, Nanseki T, Takeuchi S, et al. , 2012. Farmers' behaviors, perceptions and deter-
minants of fertilizer application in China: Evidence from six eastern provincial-level re-
gions [J]. Journal of the Faculty of Agriculture, Kyushu University, 57 (1):
245 – 254.

Li Y, Liu Y, Long H, 2012. Characteristics and mechanism of village transformation de-
velopment in typical regions of Huang-Huai-Hai Plain [J]. Acta Geographica Sinica,
67 (6): 771 – 782.

Liu B, Chen X, Meng Q, et al. , 2017. Estimating maize yield potential and yield gap
with agro-climatic zones in China—Distinguish irrigated and rainfed conditions [J].
Agricultural and Forest Meteorology, 239: 108 – 117.

Livingston M, Roberts M J, Zhang Y. , 2014. Optimal sequential plantings of corn and
soybeans under price uncertainty [J]. American Journal of Agricultural Economics, 97
(3): 855 – 878.

Mahama G Y, Prasad P V V, Roozeboom K L, et al. , 2016. Response of maize to cover
crops, fertilizer nitrogen rates, and economic return [J]. Agronomu Journal, 108
(1): 17 – 31.

Martin G, 2015. A conceptual framework to support adaptation of farming systems-devel-
opment and application with Forage Rummy [J]. Agricultural System, 132: 52 – 61.

Mario Bunge, 1997. Mechanism and explanation [J]. Philosophy of the Social Sciences,
27 (4): 414.

Matsumoto T, 2014. Disseminating new farming practices among small scale farmers: AN
experimental intervention in Uganda [J]. Journal of the Japanese and International E-
conomies, 33: 43 – 74.

Meng Q, Hou P, Wu L, et al. , 2013. Understanding production potentials and yield
gaps in intensive maize production in China [J]. Field Crops Research, 143 (1):
91 – 97.

Mkvan I, Rabbinge R, 1997. Concepts in production ecology for analysis and quantifica-
tion of agricultural input-output combinations [J]. Field Crops Research, 52 (3):
197 – 208.

Mueller N D, Gerber J S, Johnston M, et al. , 2012. Closing yield gaps through nutrient
and water management [J]. Nature, 490 (7419): 254 – 257.

Mushtaq S, 2016. Economic and policy implications of relocation of agricultural production systems under changing climate: Example of Australian rice industry [J]. Land Use Policy, 52: 277 - 286.

Pereira M A, Fairweather J R, Woodford K B, et al. , 2016. Assessing the diversity of values and goals amongst Brazilian commercial-scale progressive beef farmers using Q-methodology [J]. Agricultural System, 144: 1 - 8.

Petrzelka P, Ma Z, Malin S, 2013. The elephant in the room: Absentee landowner issues in conservation and land management [J]. Land Use Policy, 30 (1): 157 - 166.

Phimister E, Roberts D, 2012. The role of ownership in determining the rural economic benefits of on-shore wind farms [J]. J AGR ECON, 63 (2): 331 - 360.

Pitt M M M R, 1985. Health and nutrient consumption across and within farm households [J]. Review of Economics and Statistics.

Power B, Cacho O J, 2014. Identifying risk-efficient strategies using stochastic frontier analysis and simulation: An application to irrigated cropping in Australia [J]. Agricultural System, 125: 23 - 32.

Rodrigues A, 1994. The role of system dynamics in project management [J]. International Journal if Project Management, 4 (14): 213 - 220.

Röling N, 2009. Pathways for impact: Scientists' different perspectives on agricultural innovation [J]. International Jounal of Agricultural Sustainability, 7 (2): 83 - 94.

Roumasset J A, 1976. Rice and risk: Decision making among low income farmers [J]. The Scandinavian Journal of Economics.

Sabatier R, Oates L G, Jackson R D, 2015. Management flexibility of a grassland agroecosystem: A modeling approach based on viability theory [J]. Agricultural System, 139: 76 - 81.

Sanderson M R, Curtis A L, 2016. Culture, climate change and farm-level groundwater management: An Australian case study [J]. Journal of Hydrology, 536: 284 - 292.

Santos J L, Madureira L, Ferreira A C, et al. , 2016. Building an empirically-based framework to value multiple public goods of agriculture at broad supranational scales [J]. Land Use Policy, 53: 56 - 70.

Schoenhart M, Schauppenlehner T, Schmid E, et al. , 2011. Integration of bio-physical and economic models to analyze management intensity and landscape structure effects at farm and landscape level [J]. Agricultural System, 104 (2SI): 122 - 134.

Seufert V, Ramankutty N, Foley J A, 2012. Comparing the yields of organic and conventional agriculture [J]. Nature, 485 (7397): 113 – 229.

Smith D R, Warnemuende-Pappas E A, 2015. Vertical tillage impacts on water quality derived from rainfall simulations [J]. Soil and Tillage Research, 153: 155 – 160.

Stavropoulou M, Holmes R, Jones N, 2017. Harnessing informal institutions to strengthen social protection for the rural poor [J]. Global Food Security, 12: 73 – 79.

Sullivan A, Sheffrin S M, 2003. Economics: Principles in action [M]. New Jersey: Pearson Prentice Hall, 157.

Sun J, Mooney H, Wu W B, et al. , 2018. Importing food damages domestic environment: Evidence from global soybean trade [J]. Proceedings of the National Academy of Sciences of the United States Of America, 115 (21): 5415 – 5419.

Thebe V, 2017. Legacies of 'madiro'? Worker-peasantry, livelihood crisis and 'siziphile' land occupations in semi-arid north-western Zimbabwe [J]. Journal of Modern African Studies, 55 (2): 201 – 224.

Tiraieyari N, Krauss S E, 2018. Predicting youth participation in urban agriculture in Malaysia: Insights from the theory of planned behavior and the functional approach to volunteer motivation [J]. Agriculture & Human Values (3): 1 – 14.

Uthes S, Piorr A, Zander P, et al. , 2011. Regional impacts of abolishing direct payments: An integrated analysis in four European regions [J]. Agricultural System, 104 (2): 110 – 121.

van der Linden A, Oosting S J, van de Ven G W J, et al. , 2015. A framework for quantitative analysis of livestock systems using theoretical concepts of production ecology [J]. Agricultural System, 139: 100 – 109.

Vanninen I, Pereira-Querol M, Engestrom Y, 2015. Generating transformative agency among horticultural producers: An activity-theoretical approach to transforming integrated pest management [J]. Agricultural System, 139: 38 – 49.

Wang W, Wang C, Sardans J, et al. , 2015. Agricultural land use decouples soil nutrient cycles in a subtropical riparian wetland in China [J]. Catena, 133: 171 – 178.

Warfield J N, 1996. Five schools of thought about complexity: Implications for design and process science [R].

Williamson O E, 2000. The new institutional economics: Taking stock, looking ahead [J]. Journal of Economic Literature, 38 (3): 595 – 613.

Wilson P, Harper N, Darling R, 2013. Explaining variation in farm and farm business performance in respect to farmer behavioural segmentation analysis: Implications for land use policies [J]. Land Use Policy, 30 (1): 147 - 156.

Winters P, De Janvry A, Sadoulet E, et al., 1998. The role of agriculture in economic development: Visible and invisible surplus transfers [J]. Journal of Development Studies, 34 (5): 71 - 97.

Wise M, Calvin K, Thomson A, et al., 2009. Implications of Limiting $CO_2$ Concentrations for land use and energy [J]. Science, 324 (5931): 1183 - 1186.

Wu W B, Yu Q, You L, et al., 2018. Global cropping intensity gaps: Increasing food production without cropland expansion [J]. Land Use Policy, 2 (32): 165 - 171.

Xue J F, Pu C, Liu S L, et al., 2016. Carbon and nitrogen footprint of double rice production in Southern China [J]. Ecological Indicators, 64: 249 - 257.

Yang X G, Chen F, Lin X M, Liu Z J, et al., 2015. Potential benefits of climate change for crop productivity in China [J]. Agricultural and Forest Meteorology, 208: 76 - 84.

Zhang W, Cao G, Li X, et al., 2016. Closing yield gaps in China by empowering smallholder farmers [J]. Nature, 537 (7622): 671.

Zhang Y, Liu J, Zhang J, et al., 2015. Row ratios of intercropping maize and soybean can affect agronomic efficiency of the system and subsequent wheat [J]. Plos One, 10 (6): e0129245.

# 附　　表

附表　玉米播种面积的驱动因素空间自相关检验

| 指　标 | Moran's I | 变异 | Z 值 | P 值 |
|---|---|---|---|---|
| 1995 年家庭经营耕地面积 | 0.133 | 0.017 2 | 1.247 | 0.212 |
| 1995 年户均粮食种植收入 | 0.259 | 0.015 4 | 1.338 | 0.263 |
| 1995 年亩均劳动力数 ** | 0.529 | 0.017 2 | 4.307 | 0.000 |
| 1995 年工资性收入与家庭经营收入之比 | 0.114 | 0.017 7 | 1.112 | 0.266 |
| 1995 年区域有效灌溉面积 | 0.004 | 0.017 4 | 0.257 | 0.797 |
| 1995 年区域人均 GDP | 0.090 | 0.015 9 | 0.972 | 0.331 |
| 1995 年玉米播种面积 ** | 0.338 | 0.015 2 | 2.959 | 0.003 |
| 2005 年家庭经营耕地面积 | 0.126 | 0.016 7 | 1.212 | 0.226 |
| 2005 年户均玉米种植收入 * | 0.261 | 0.017 2 | 2.377 | 0.039 |
| 2005 年亩均劳动力数 | 0.153 | 0.015 4 | 1.495 | 0.135 |
| 2005 年工资性收入与家庭经营收入之比 * | 0.229 | 0.017 3 | 2.000 | 0.045 |
| 2005 年机耕机播比例 | 0.036 | 0.017 4 | 0.503 | 0.615 |
| 2005 年区域有效灌溉面积 * | 0.336 | 0.015 5 | 3.570 | 0.015 |
| 2005 年区域人均 GDP * | 0.379 | 0.017 4 | 4.655 | 0.026 |
| 2005 年玉米播种面积 ** | 0.403 | 0.016 5 | 3.449 | 0.001 |
| 2015 年家庭经营耕地面积 ** | 0.562 | 0.016 5 | 4.697 | 0.000 |
| 2015 年户均玉米种植收入 * | 0.247 | 0.014 6 | 2.500 | 0.040 |
| 2015 年亩均劳动力数 ** | 0.591 | 0.017 8 | 4.750 | 0.000 |
| 2015 年工资性收入与家庭经营收入之比 ** | 0.413 | 0.011 8 | 3.418 | 0.001 |
| 2015 年机耕机播比例 | 0.037 | 0.018 4 | 0.503 | 0.662 |
| 2015 年区域有效灌溉面积 | 0.055 | 0.017 6 | 0.650 | 0.516 |
| 2015 年区域人均 GDP ** | 0.486 | 0.016 6 | 4.105 | 0.000 |
| 2015 年玉米播种面积 ** | 0.404 | 0.016 4 | 3.438 | 0.001 |
| 2016 年家庭经营耕地面积 ** | 0.562 | 0.017 5 | 4.007 | 0.008* |

基于农户视角的淮河流域玉米种植驱动机制研究

（续）

| 指　　　标 | Moran's I | 变异 | Z 值 | P 值 |
|---|---|---|---|---|
| 2016 年户均玉米种植收入 * | 0.374 | 0.015 6 | 2.590 | 0.027 |
| 2016 年亩均劳动力数 ** | 0.591 | 0.016 6 | 3.750 | 0.001 |
| 2016 年工资性收入与家庭经营收入之比 * | 0.413 | 0.016 8 | 3.291 | 0.016 |
| 2016 年机耕机播比例 | 0.029 | 0.015 4 | 0.738 | 0.572 |
| 2016 年区域有效灌溉面积 | 0.069 | 0.016 2 | 0.850 | 0.506 |
| 2016 年区域人均 GDP * | 0.566 | 0.017 6 | 3.125 | 0.018 |
| 2016 年玉米播种面积 ** | 0.434 | 0.018 4 | 3.838 | 0.000 |

注：* $P \leqslant 0.10$，在 90% 水平下显著，** $P \leqslant 0.05$，在 95% 水平下显著，*** $P \leqslant 0.01$，在 99% 水平下显著。Moran's I 指数大于 0，表示该变量具有空间正相关性，与空间聚集度成正比（高值与高值聚集，低值与低值聚集）；小于 0 表示负相关，与空间离散程度成正比（高值排斥其他高值，低值排斥其他低值）。P 值：90% 显著水平通过检验，即只存在 10% 的可能推翻原假设——变量在空间上为随机分布。95% 与 99% 显著性检验含义相类似。Z 得分：结果与 P 相对应，大于 1.96，说明该变量呈现明显的聚类特征。

# 附　　录

问卷编号：　　　　　　　　　　　　　　　　姓名＿＿＿＿＿

年龄＿＿，性别＿＿，家庭劳动力＿＿＿人，其中务农劳动力＿＿＿人；

文化程度＿＿＿，务农劳动力最高学历＿＿＿，家庭最高学历＿＿＿；

务农以外的其他收入：□有，□无，是＿＿＿＿＿＿＿＿＿工作；

耕地＿＿＿亩，5 年前主要作物：＿＿＿＿＿，现在主要作物＿＿＿＿＿。

1. 政策对粮食的价格影响最大。

2. 如果补贴涨到 400 元或 500 元 1 亩，我们会愿意继续种田。

3. 将来对大规模种植粮食的农户政策补贴会越来越多，对小农户的补贴
   会越来越少。

4. 政策对技术上的支持还不够。

5. 政府把土地集中起来搞机械化生产我们是很赞成的。

6. 如果国家补贴种植新品种，我们会努力地学习并种植新品种。

7. 政策对粮食的销路影响最大。

8. 我们知道农产品"绿色生产"的含义。

9. 每年国家有什么关于粮食的新政策，我们都会很快知道。

10. 我们愿意流转出土地，自己出去打工。

11. 我们主要比较种田的收益高还是流转的租金高，决定土地要不要流转
    出去。

12. 我们希望有企业来征用我们的土地集中起来经营。

13. 我们希望国家征用我们的土地搞建设。

14. 农业是很重要的，土地应该要好好保存下来种粮食。

15. 我们村的土地流转做得很规范。

16. 我们希望可以有自己的合作社来经营村里的土地。

17. 我们以后会和子女一起住进城市或者镇上，土地就流转出去。

18. 我们主要生活来源是子女给的生活费。

19. 我们很支持年轻人进城去工作，不希望他们还在农村做农业。

20. 比起收成不好，我们更加担心粮食价格不好。

21. 种田很累，可以不种我就不再种了。

22. 在空闲的时间我们喜欢打牌和看电视。

23. 我们觉得作为农民很自豪。

24. 农村居民养老保险令我老了以后的生活很有保障。

25. 明年要种什么，我们主要就看别人计划种什么。

26. 因为习惯了，所以我们愿意一直种田，直到自己不能再种为止。

27. 比起粮食，我们更愿意种植经济作物。

28. 如果种植遇到问题，我们知道可以问谁，可以解决困难。

29. 我们愿意学习互联网技术，通过手机、电脑，增加产品销路。

30. 如果有钱，我们很愿意对生产投入更多资金的。

31. 我们觉得种大豆（或其他）比种玉米（或其他替代的作物）产量低。

32. 我们觉得种大豆（或其他）比种玉米（或其他替代的作物）麻烦。

33. 我们觉得施化肥对土地和粮食都很不好。

## 附录 2：淮河流域农户调查问卷

性别：□男　□女，住址：____省____市____县/区

1. 您的年龄？（　　）

　　A 20～30 岁　B 30～40 岁　C 40～50 岁　D 50～60 岁

　　E 60 岁以上

2. 您的文化程度？（　　）

　　A 小学及以下　B 初中　C 高中　D 大学及以上

3. 你们家主要劳动力的年龄？（　　）

　　A 20～30 岁　B 30～40 岁　C 40～50 岁　D 50～60 岁

　　E 60 岁以上

4. 你们家主要劳动力的文化程度？（　　）

　　A 小学及以下　B 初中　C 高中　D 大学及以上

5. 你们家现在有多少亩地？（　　）

　　A 0 亩　B 1～10 亩　C 10～50 亩　D 50 亩以上

6. 你们家的地主要分布在哪里？（　　）

　　A 农村丘陵山区地带　B 农村河流湖泊地带　C 交通便利的道路附近

　　D 城郊边缘

7. 你们家主要种植什么作物？（　　）

　　A 玉米-小麦两季　B 玉米-大蒜（经济作物）两季

　　C 大豆/蔬菜瓜果（经济作物）-小麦两季　D 蔬菜大棚　E 果园

　　F 新型生态农业　G 其他

8. 你认为农业发展的前景怎么样？（　　）

　　A 毕竟是第一产业，与第二第三产业差距大，发展前景一般

　　B 发展前景较好，土地会流转，机械化程度高

　　C 发展前景非常好，土地会流转，机械化程度高，农民文化程度高，

　　　能科学种植

　　D 发展前景会和第二、第三产业持平，甚至会超越他们，因为生态农

　　　业、有机农业利润高

9. 你以后会选择经营建设农业吗？（　　）

　　A 会　B 不会

10. 你认为未来土地的利用方式是？（　　）

A 和现在一样，每家都有自己的土地，自己种植

B 土地一定会流转，个人会大面积承包，搞集约化生产

C 农业生产合作社会出现，土地被合作社承包，农民入股合作社

D 土地被国家收回，国家自己经营

11. 假如你要流转 100 亩及以上的土地，你的资金从何而来？（　　）

A 自己资金足够　　B 贷款　　C 村民股份制，自己占最大股

D 自己出一部分＋贷款

12. 假如你流转了 100 亩及以上的农村丘陵山区地带的土地，夏季选择种植什么作物？（　　）

A 选择种植玉米，由于山区离水源远，交通不发达，虽然玉米价格便宜，但是能够实现机械化，产量高，价格稳定，生产成本低，风险小

B 选择种植梨、核桃、花椒等经济树种，因为山区离水源远，交通不发达

C 选择种植蔬菜等经济作物，因为虽然山区离水源远，交通不发达，但是可以投资打井，种植蔬菜风险较玉米大，劳动力投入大，但是利润高

D 选择投资建设农业生态种植园等，通过引进旅游业，投资大，风险高，但是一旦成功，利润很高

13. 假如你流转了 100 亩及以上的农村靠近河流湖泊地带的土地，夏季选择种植什么作物？（　　）

A 种植玉米。价格虽然便宜，但是市场稳定，风险低，机械化程度高，劳动力成本低

B 种植蔬菜等经济作物。虽然劳动力成本高，投资高，但是灌溉成本低，市场价格好，利润高

C 投资建设温室大棚。四季都种植蔬菜、花卉、水果等经济作物，投资成本高，风险较高，但是灌溉成本低，利润高

D 投资建设农业生态种植园等。引进旅游业，投资大，风险高，但是一旦成功，利润很高

14. 假如你流转了100亩及以上的交通便利道路附近的土地，夏季选择种植什么作物？（　　）

A 种植玉米。价格虽然便宜，但是市场稳定，风险低，机械化程度高，劳动力成本低

B 种植蔬菜等经济作物。虽然劳动力成本高，投资高，但是交通便利，市场价格好，利润高

C 投资建设温室大棚。四季都种植蔬菜、花卉、水果等经济作物，投资成本高，风险较高，但是交通便利，利润高

D 投资建设农业生态种植园等。引进旅游业，投资大，风险高，但是一旦成功，利润很高

15. 假如你流转了100亩及以上的城郊附近的土地，夏季选择种植什么作物？（　　）

A 种植玉米。价格虽然便宜，但是市场稳定，风险低，机械化程度高，劳动力成本低

B 种植蔬菜等经济作物。虽然劳动力成本高，投资高，但是离城市近，交通便利，市场价好，利润高

C 投资建设温室大棚。四季都种植蔬菜、花卉、水果等经济作物，投资成本高，风险较高，但是离城市近，交通便利，利润高

D 投资建设农业生态种植园等。引进旅游业，投资大，风险高，但是离城市近，市场前景好，一旦成功，利润很高

16. 玉米是重要的粮食作物，土地流转后，你认为国家会出台政策严格保证玉米的安全种植面积吗？（　　）

A 一定会，虽然现在玉米的进口量很大，但是仍然要保证国内自给的粮食安全

B 可能会，因为现在进口较稳定，国内玉米没有优势，但是国家需要保证自给的粮食安全

C 不会，因为现在进口较稳定，国内玉米没有优势，种植什么作物，靠农户自己选择

17. 土地流转后，如果国家出台政策要求保证玉米的种植面积，你认为需要有种植补贴吗？（　　）

A 需要　　B 不需要

18. 如果国家有种植玉米补贴，你认为每亩应该补贴多少？（　　）

A 300 元　　B 500 元　　C 1 000 元　　D 1 500 元　　E 大于 1 500 元

19. 如果没有强制性玉米种植政策，但是有较好的玉米种植补贴，你会选择种植什么作物？（　　）

A 种植玉米。价格虽然便宜，但是市场稳定，风险低，但是补贴好，机械化程度高，劳动力成本低

B 种植蔬菜等经济作物。虽然劳动力成本高，投资高，但是市场价格好，利润较玉米高

C 投资建设温室大棚。四季都种植蔬菜、花卉、水果等经济作物，投资成本高，风险较高，但是利润比玉米高

D 投资建设农业生态种植园等。引进旅游业，投资大，风险高，但是市场前景好，一旦成功，利润比玉米高

## 附录 3：SD 模型情境公式

　　系统动力学模型内置每个变量之间的关系公式，初始状态的模型公式如下：

　　（01）FINAL TIME＝2027；Units：Year

　　（02）INITIAL TIME＝2017；Units：Year

　　（03）SAVEPER＝TIME STEP；Units：Year ［0，1］

　　（04）TIME STEP＝1；Units：Year ［0，2027］

　　（05）农业收入影响指数＝WITH LOOKUP（种植业纯收入，（［（0，0）- (1e+006，1)］，(200，0.3)，(500，0.72)，(1 000，0.7)，(2 000，0.75)，(5 000，0.7)，(10 000，0.6)，(30 000，0.75)，(100 000，0.95)，(1e+006，0.99)))；Units：无量纲 ［0，1］

　　（06）务农依赖指数＝农业收入影响指数×（1/3）＋非农业收入影响指数×（1/3）＋非劳动力影响指数×（1/3）；Units：无量纲 ［0，1］

　　（07）务农投入指数＝WITH LOOKUP（（大豆播种面积＋玉米播种面积），（［（0，0）- (2 000，0.3)］，(0，0)，(1，0.01)，(2，0.02)，(5，0.05)，(10，0.1)，(20，0.15)，(100，0.18)，(2 000，0.2)))；Units：无量纲 ［0，1］

　　（08）土地流转发展指数＝0.1；Units：无量纲 ［0，1，0.1］

　　（09）土地经营限制指数＝WITH LOOKUP（粮食播种面积，（［（0，0）- (1 000，1)］，(0，0.1)，(1，0.15)，(2，0.2)，(5，0.3)，(50，0.4)，(200，0.85)，(500，0.9)，(1 000，0.99)))；Units：无量纲

　　（10）土地转入倾向＝WITH LOOKUP（种植业纯收入×（1＋土地流转发展指数）×（1-土地经营限制指数），（［（0，0）- (1e+006，1)］，(300，0.01)，(800，0.1)，(2 000，0.2)，(100 000，0.75)，(500 000，0.3)，(1e+006，0.1)))；Units：无量纲 ［0，1］

　　（11）外出务工收入＝外出务工时间×外出务工平均日工资；Units：元/年 ［0，100 000］

　　（12）外出务工平均日工资＝120；Units：元/天 ［80，200，10］

　　（13）外出务工时间＝WITH LOOKUP（粮食播种面积，（［（0，0）-

(2 000, 800)], (0, 700), (1, 600), (2, 550), (5, 500), (10, 300), (20, 50), (100, 0), (2 000, 0))); Units: 天/年 [0, 1 200]

（14）大豆亩均产量＝RANDOM NORMAL（100, 170, 140, 10, 140）; Units: 千克/亩 [100, 170]

（15）大豆亩均成本＝WITH LOOKUP（大豆规模指数，（［(0, 500) - (1, 600)], (0.01, 600), (0.5, 575), (0.99, 550))); Units: 元/亩 [550, 600]

（16）大豆亩均纯收入＝大豆价格×大豆亩均产量－大豆亩均成本＋政策补贴规模种植大豆; Units: 元/亩

（17）大豆价格＝进口影响指数×RANDOM NORMAL（3, 4, 3.5, 0.1, 3.5）; Units: 元/千克

（18）大豆播种面积＝INTEG（IF THEN ELSE（新增大豆面积－转出土地面积＜＝0, 0, 新增大豆面积－转出土地面积），1）; Units: 亩 [0, 500]

（19）大豆纯收入＝大豆播种面积×大豆亩均纯收入; Units: 元/年

（20）大豆规模指数＝WITH LOOKUP（大豆播种面积，（［(0, 0) - (2 000, 1)], (0, 0), (1, 0.1), (20, 0.3), (1 000, 0.93), (2 000, 0.99))); Units: 无量纲 [0, 1]

（21）家庭非劳动力人数＝2; Units: 人 [0, 5, 1]

（22）小麦播种面积（＝农户经营面积）＝大豆播种面积＋玉米播种面积; Units: 亩 [0, 2 000]

（23）小麦纯收入＝IF THEN ELSE（小麦播种面积＜＝0, 0, 300×小麦播种面积）; Units: 元/年

（24）政策补贴规模种植大豆＝0; Units: 元/亩 [0, 800]

（25）政策补贴规模种植玉米＝0; Units: 元/亩

（26）新增大豆面积＝WITH LOOKUP（大豆亩均纯收入，（［(0, 0) - (800 000, 2 000)], (300, 1), (500, 10), (800, 15), (3 000, 30), (30 000, 100), (170 000, 500), (300 000, 1 500), (800 000, 2 000))); Units: 亩 [0, 100]

（27）新增玉米面积＝INTEG（转入土地面积－新增大豆面积，0）；
Units：亩 [0，500]

（28）玉米亩均产量＝RANDOM NORMAL（400，550，420，5，475）；Units：千克/亩

（29）玉米亩均成本＝WITH LOOKUP（玉米规模指数，（[（0，800）－（1，1 000）]，（0.01，1 000），（0.5，900），（0.99，800）））；Units：元/亩 [800，1 000]

（30）玉米亩均纯收入＝玉米价格×玉米亩均产量－玉米亩均成本＋政策补贴规模种植玉米；Units：元/亩

（31）玉米价格＝RANDOM NORMAL（1.5，2.4，2，0.1，1.7）；Units：元/千克 [1.5，2.4]

（32）玉米播种面积＝IF THEN ELSE（7＋新增玉米面积<＝0，0，7＋新增玉米面积）；Units：亩

（33）玉米纯收入＝玉米播种面积×玉米亩均纯收入；Units：元/年

（34）玉米规模指数＝WITH LOOKUP（玉米播种面积，（[（0，0）－（2 000，10）]，（0，0），（1，0.1），（20，0.3），（1 000，0.93），（2 000，0.99）））；Units：无量纲 [0，1]

（35）种植业纯收入＝（大豆纯收入＋小麦纯收入＋玉米纯收入）×（1＋务农投入指数）；Units：元/年

（36）粮食播种面积＝小麦播种面积×2；Units：亩 [0，2 000]

（37）转入土地面积＝WITH LOOKUP（土地转入倾向，（[（0，0）－（1，100）]，（0.02，0），（0.1，0.5），（0.2，5），（0.5，10），（0.75，50），（0.99，100）））；Units：亩 [0，100]

（38）转出土地面积＝WITH LOOKUP（务农依赖指数，（[（0，0）－（1，10）]，（0.01，10），（0.1，5），（0.4，3），（0.8，2），（0.99，0）））；Units：亩 [0，20]

（39）进口大豆量＝8 000；Units：万吨 [0，8 000，500]

（40）进口影响指数＝WITH LOOKUP（进口大豆量，（[（0，0）－（10 000，2）]，（0，2），（2 000，1.5），（5 000，1.2），（6 000，0.9），

(8 000, 0.88), (10 000, 0.8))); Units：无量纲 [0, 1]

(41) 非农业收入影响指数＝WITH LOOKUP（外出务工收入，
（[（0, 0）-（100 000, 1）]，（0, 0.99），（1 000, 0.85），（5 000,
0.75），（10 000, 0.5），（20 000, 0.4），（30 000, 0.2），（50 000,
0.1），（100 000, 0.001）））；Units：无量纲 [0, 1, 0.05]

(42) 非劳动力影响指数＝WITH LOOKUP（家庭非劳动力人数，
（[（0, 0）-（4, 1）]，（0, 0.1），（1, 0.5），（2, 0.75），（3, 0.855），
（4, 0.9）））；Units：无量纲 [0, 1, 0.05]

# 英文缩略表

| 英文缩写 | 英文全称 | 中文名称 |
| --- | --- | --- |
| GWR | Geographical Weight Regression | 地理加权回归 |
| OLS | Ordinary Least Squares | 普通最小二乘法 |
| SD | System Dynamic | 系统动力学 |
| PD | Positive Development | 积极发展 |
| NF | Negative Farming | 消极务农 |
| FS | Family Support | 家庭生计 |

# 后　记

　　本书是研究连续六年在农户视角下，区域农作物种植变化规律问题的结果，它实际上是一个团队的成果，它凝聚了一个团队对这一问题的思考和努力。这一路上带领我们对未知领域进行探索的指路人，是在区域发展学科上不断披荆斩棘的导师们。在北京求学的六年，我有幸遇到了我的两位导师，罗其友老师和尤飞老师，从学科团队各位老师身上耳濡目染，得到了非常宝贵的经验、知识，以及认识了很多来自全国各地的同学、朋友，十分感恩。

　　首先，感谢我研究生阶段的两位导师——罗其友老师和尤飞老师对我多年的悉心指导。罗老师在论文撰写过程中及时对我遇到的困难和疑惑给予耐心指点，提出了许多有益的意见，为论文的完善投入了很多心血和精力。罗老师以身作则，让我深刻地感受到学习科研知识要厚积薄发，为人处世应谨言慎行。尤飞老师于我亦师亦友，由衷感谢尤老师，给了我如此多的机会，让我在短短的六年足迹遍及京津冀、黄土高原、内蒙古的高原和草原、淮河平原、云贵高原、海南岛、山东半岛，让我从实践中感受中国广大土地的精彩斑斓和待人接物的人情世故。我获得的点滴成绩和每一次进步无不凝聚着两位恩师的谆谆教诲和悉心指导，罗老师和尤老师不仅是我研究生求学阶段的导师，更是我一辈子的导师；不仅是我科研学习上的导师，也是我人生路上的明灯！

　　我还要深深感谢王道龙老师、李文娟老师、王秀芬老师、刘洋老师、高明杰老师以及中国人民大学张耀军老师、中国科学院地理所李富佳研究员、中国农业科学院农业经济与发展研究所吴敬学老师、陈秧分研究员，以及我们课题组的石宝坤和王雪婷为本研究成果的科学性和严谨性提出宝贵的意见。同时感谢杨鹏所长、姜昊老师，以及田松杰老师、王晓茹老师；感谢陈永福老师、于法稳老师、武拉平老师、许世卫老师、王明利老师、杨鹏老师和姜文来老师，在百忙之中抽出宝贵的时间，不吝所学，为本研究提出了指正意见。我还感谢积极配合本研究调研的所有农户朋友，没有他们，就没有本研究呈现的研究结果；感谢无私地抽出时间，与我一起远赴淮河流域调研和收集数据的杨亚东、叶志标、张萌、孙鑫帅、刘二阳。最不能忘记的当然还有那些和我一起奋斗在同一屋檐下的战友：栗欣如、马力阳、陈凡、李俊杰、关鑫、胡玲梅、余杰和钟鑫等同窗，你们每一个人在我论文写作过程中，与我分享喜乐、共担忧愁，给我提供了许多宝贵的意见，感谢你们每一个人对我的帮助和鼓励。

　　我非常感激中国农业科学院研究生院和农业资源与农业区划研究所给我硕博连读的机会，让我能够以 6 年的时间去探索和研究一个问题，感谢中国工程院淮河流域农业发展与环境问题研究课题、中国农业科学院创新工程对本研究的资金支持，正是这些坚实的资助基础，为我们一群志同道合的伙伴提供了对科学问题讨论和争论的机会。

　　最后，感谢我的家人对我的学业一直支持！

**图书在版编目（CIP）数据**

基于农户视角的淮河流域玉米种植驱动机制研究 /
胡韵菲著 . —北京：中国农业出版社，2021.1
ISBN 978-7-109-27398-6

Ⅰ.①基… Ⅱ.①胡… Ⅲ.①淮河流域—玉米—种植
业—研究 Ⅳ.①F326.11

中国版本图书馆 CIP 数据核字（2020）第 188171 号

---

中国农业出版社出版

地址：北京市朝阳区麦子店街 18 号楼
邮编：100125
责任编辑：司雪飞　郑　君
版式设计：杜　然　责任校对：沙凯霖
印刷：北京大汉方圆数字文化传媒有限公司
版次：2021 年 1 月第 1 版
印次：2021 年 1 月北京第 1 次印刷
发行：新华书店北京发行所
开本：700mm×1000mm　1/16
印张：11
字数：200 千字
定价：50.00 元

---